IRIS WINKENBACH

GARTEN EINFACH GÜNSTIG

RICHTIG SCHÖN MIT KLEINEM BUDGET

KOSMOS

INHALT

Mehr entdecken, mehr verstehen
DAS
KOSMOS
VERSPRECHEN
Expertenwissen seit 1822

ERSTE SCHRITTE – BESTANDS-AUFNAHME

Standort-Check: in den Garten gehen

Um einfach und professionell seinen Garten umzugestalten, braucht es nicht viel. Genauer gesagt benötigt man nur folgende drei Dinge: Ein kleines Budget, Begeisterung für Pflanzen und eine Schritt-für-Schritt-Anleitung.

1

Der allererste Schritt, um seinen Garten in ein grünes und blütenreiches Paradies zu verwandeln, ist es in den Garten zu gehen. Laufe durch deinen Garten und lerne ihn kennen. Überlege dir, welche Elemente dir gefallen und wo du mit einfachen Mitteln wie Stauden, Gehölzen und Gemüsen deinen Garten aufpeppen kannst. Dabei ist es von Bedeutung, Kenntnisse über die Standortverhältnisse in deinem Garten zu haben bzw. zu bekommen.

ANALYSIEREN: SO ENTSTEHEN EINDRUCKSVOLLE GÄRTEN

Wenn Gartengestalter an ein Projekt herangehen, ist ihr allererster Schritt die Analyse. Denn ein Garten lässt sich mithilfe des Standort-Checks analysieren. Eine Umgestaltung mit Pflanzen wird nur funktionieren, wenn du nachfolgende Fragen beantworten kannst: Welchen Gartenboden und welche Lichtverhältnisse hast du in den verschiedenen Bereichen?

Bodenarten und -bestimmung

Um herauszufinden, wie die Bodenbeschaffenheit deines Gartens ist, lohnt es sich, in den Garten zu gehen und zu buddeln. Grabe zwei bis drei Löcher an verschiedenen Stellen im Garten, die mindestens eine Schaufel (ca. 20 cm) tief und breit sind. Fasse die Erde an und überlege dir, ob es ein sandiger, schluffiger oder toniger Boden ist. Sandböden sind eher trocken, da sie das Wasser nicht lange halten können. Sie sind leicht und durchlässig. Der Nährstoffgehalt ist gering. Dafür lässt er sich mit Abstand am besten umgraben.
Der ideale Gartenboden besteht aus Schluff, einem wichtigen Bestandteil von Lehm. Es handelt sich um einen

TIPP

Analysiere die Bereiche in deinem Garten nach Bodenart und Lichtverhältnissen. So findest du die passenden Pflanzen, die lange Freude machen.

2

1. Dieser vollsonnige Standort erhält täglich mehr als sechs Stunden direkte Sonneneinstrahlung.
2. Lehmhaltiger Boden lässt sich gut formen.

durchlässigen Boden, der Wasser speichern kann und nährstoffreich ist. Das führt dazu, dass die meisten Pflanzen darin gedeihen. Tonböden fühlen sich feucht an. Sie sind schwer und neigen zu Staunässe. Sie sind im feuchten Zustand klebrig und somit anstrengend zum Umgraben. Ein Tonboden ist sehr nährstoffreich. Ich selbst orientiere mich bei der Pflanzenauswahl an den Feuchtezahlen. In den meisten Fällen liegen sie zwischen 1 bis 3. Der sandige Boden ist trocken und besitzt die Feuchtezahl 1. Der frische bzw. schluffige Boden hat eine 2 und der nasse Tonboden eine 3.

Lichtverhältnisse

Der wichtigste Schritt, um Gärten einfach und günstig umzugestalten, ist das Analysieren der Lichtverhältnisse im Garten. Dazu musst du raus in deinen Garten gehen und darauf achten, wie lange der zu bepflanzende Ort Sonne hat. Es gelten folgende Faustregeln: Vormittagssonne zählt zu Halbschatten und Nachmittagssonne zu Sonne. Vier bis sechs Stunden Sonne zählt meist zu Halbschatten, alles was darunter ist zu Schatten und alles was darüber ist zu Sonne. Bepflanzungen, die sich im Süden oder im Westen eines Gebäudes befinden sind meist sonnig. Befindet sich die Bepflanzung im Osten, dann ist sie meist halbschattig. Bepflanzungen im Norden eines Gebäudes sind schattig.
Auf den folgenden Seiten zeige ich dir, wie du Schritt für Schritt deinen Garten richtig schön umgestalten kannst, ohne grünen Daumen, großem Budget und gartengestalterischer Ausbildung. Denn Gärten benötigen vor allem Freude von ihren Besitzern. Ganz nach dem Motto: Lebe deine Gartenträume!

CHECKLISTE: IN 5 SCHRITTEN ZU DEINEM TRAUMGARTEN

1. Garten analysieren mit dem Standort-Check
2. passenden Gartenstil wählen
3. Wunschanalyse mithilfe eines Fragebogens ermitteln
4. Gartenwünsche mit Post-its visualisieren
5. Budget berücksichtigen

Was für ein Gartentyp bin ich?

Um eine Vorstellung zu bekommen, wie du den Garten umgestalten möchtest, ist es wichtig zu wissen, was für ein Gartentyp du bist. Diesen kannst du bestimmen, indem du einen der bekanntesten Gartenstile wählst. Schau sie dir an und entscheide dich für denjenigen, der dir am meisten zusagt.

Für professionelle Gartengestalter ist der Stil das Elixier, um Gärten ein stimmiges Erscheinungsbild mithilfe von Pflanzen, Materialien und anderen Elementen zu verleihen. Gerade wer seinen eigenen Gartenstil finden möchte, sollte Kenntnisse über die gängigsten Gartenstile haben. Ein Garten kann romantisch, pflegeleicht, natürlich, praktisch, nützlich und exotisch sein. Nachfolgend stelle ich dir die bekanntesten Gartenstile vor. Um Gestaltung und Atmosphäre in deinen Garten zu bringen, solltest du dich auf einen Hauptstil fokussieren.

STIL 1: ROMANTISCH

Romantische Gärten bestechen meist durch viele Blüten von Sommerblumen, Stauden und Rosen. Gerade in England, das auch als Nation der Gärtner bekannt ist, quellen die Gärten meist über mit Blumen. Dieser Stil ist daher für Pflanzenliebhaber besonders geeignet. Wenn du den romantischen Stil wählst, solltest du bereit sein, Zeit in deinen Garten zu investieren und es nicht allzu ordentlich mögen. Typische Elemente dieses Stils sind viele Pflanzen, Rosenbögen, schmale Pfade, rustikale Gartenmöbel, Gemüse, Obst und Kräuter. Romantische Vertreter unter den Stauden sind Lavendel, Rittersporn, Pfingstrosen und Phlox. Der bekannteste Gartentyp dieses Stils ist der Cottage-Garten.

TIPP

Damit du herausfindest, welcher Gartentyp du bist, empfehle ich dir, die Stile genauer unter die Lupe zu nehmen.

Im Küchengarten sind die meisten Pflanzen nützlich und essbar, dieser Stil ist sehr beliebt bei Gemüseliebhabern.

STIL 2: PFLEGELEICHT

Pflegeleichte Gärten sind meist modern angehaucht und wirken auf den ersten Blick sehr gegensätzlich zu romantischen Gärten. Denn das Motto lautet: Weniger ist mehr! Die Gestaltung ist formal und die Pflanzenverwendung minimalistisch. Typische Elemente dieses Stils sind moderne Materialien wie Beton, klassische Möbel, wenige Pflanzenarten, gerade Wege, rechteckige Beet- und Rasenflächen. Wer es gerne zurückhaltend mag, sollte Pflanzen wie Reitgras, Steppenkerze, Wiesenknopf und Frauenfarn verwenden. Der geläufigste Gartentyp für den pflegeleichten Stil ist der „moderne Garten“.

STIL 3: NATÜRLICH

In Naturgärten werden heimische bzw. insektenfreundliche Pflanzen bevorzugt, sie wirken sehr natürlich. Nachhaltigkeit ist gerade bei diesem Stil ein zentrales Gestaltungsmittel, auf Pflanzenschutzmittel wird verzichtet. Der Arbeitsaufwand ist ein wenig höher als beim pflegeleichten Garten, doch hält er sich stark in Grenzen, da natürliche Dynamiken zugelassen werden. Typische Elemente dieses Stils sind wilde Hecken, heimische Stauden, nachhaltige Naturmauern, regionale Materialien und Blumenwiesen. Der Gartentyp wird durch Wildstauden und Kräuter wie Wald-Glockenblume, Blut-Storchschnabel, Rosmarin, Salbei und Nachtkerze geprägt.

Wer Blumen im Garten liebt, sollte sich vom romantischen oder dem nützlichen Gartenstil inspirieren lassen.

STIL 4: PRAKTISCH

Der praktische Garten gilt als eine grüne Verlängerung des Wohnzimmers, er wird gerne als Freiluftzimmer genutzt. Diese Art von Garten ist bei Familien sehr beliebt, Privatsphäre und Schutz wird hier großgeschrieben. Im praktischen Garten wird meist auf große Rasenflächen verzichtet, stattdessen lädt er zum Feiern, Spielen, Essen und Entspannen ein. Der Pflegeaufwand ist hier ein wenig höher, da der Garten in den Sommermonaten rege genutzt wird. Typische Elemente dieses Stils sind witterungsbeständige Gartenmöbel, robuste Pflanzen, kinderfreundliche Ausstattung, Gartenbeleuchtung, Hecken und Hochbeete. Im erweiterten Wohnzimmer werden gerne robuste Stauden und Gräser wie Storchschnabel, Lavendel, Farn, Schwingel und Federgras verwendet. Der geläufigste Gartentyp für den praktischen Stil ist der Wohngarten.

STIL 5: NÜTZLICH

Im nützlichen Garten sind die meisten Pflanzen essbar. Der Grundriss und die Materialien ordnen sich der Funktion unter. Für Küchengärten wird somit meist der geometrische Grundriss bevorzugt. Hier wächst eine Fülle an Obst und Gemüse. Durch eine sorgsame Planung kann die intensive Pflege eines Nutzgartens verringert werden. Typische Elemente dieses Stils sind: Hochbeete, Wege aus robusten Materialien, Gemüse und Obst in Reihen gepflanzt, Pflanzkübel aus Terrakotta sowie Obelisken und Spalierroste. Bunte Farbtupfer werden in nützlichen Gärten von Pflanzen wie Lavendel, Dahlien, Kapuzinerkresse, Sonnenblumen und Ringelblume gesetzt.

STIL 6: EXOTISCH

Im exotischen Garten herrscht eine Dschungelatmosphäre. Die Farbe Grün dominiert. Dieser Gartenstil besteht meist aus Pflanzen, bei denen die Blattstruktur wichtig ist. Neben interessanten Blattschmuckstauden, hohen Solitärgehölzen und großblättrigen Stauden können intensiv gefärbte und exotisch angehauchte Blüten Farbakzente setzen. Wer es orientalisch mag, kann mit farbenfrohen Bodenfliesen arbeiten. Typische Elemente dieses Stils sind exotische Kübelpflanzen, farbig verputzte Wände, strukturierte Pflaster- oder Kiesflächen sowie Wasserelemente mit Springbrunnen. Der Gartentyp wird durch exotisch wirkende Pflanzen wie Farne, Kaiserkrone und winterharte Banane geprägt.

DIE 5 BESTEN GARTENSTILE

BLATTSCHMUCK-GÄRTEN

Insbesondere in warm-feuchten Regionen oder im Schatten funktionieren diese Art von Gärten. Das Gestaltungselement sind Blattformen und -farben. Entstanden ist dieser Stil im Zuge der europäischen Kolonialherrschaft.

Gärten können ihre eigene Stilrichtung haben, die sich über Jahrhunderte entwickelt haben und international gelten. Lerne hier die fünf bekanntesten Stile kennen.

NACHHALTIGE GÄRTEN

Diese Gärten sind das Ergebnis von aktuellem Ressourcenmangel und Klimakonflikt. Gerade die nachhaltige Pflege und Gestaltung von Gärten ist so zentral wie noch nie. Nachhaltigkeit ist eine Gestaltungshaltung, die das Erscheinungsbild unserer heutigen Gärten prägt. Ein Beispiel ist der berühmte Kiesgarten von Beth Chatto.

KÜCHENGÄRTEN

Schon im mittelalterlichen Klostergarten findet man Kombinationen von Obst und Gemüse mit Blumen. Mit steigendem Wohlstand verschwand dieser Gartenstil, erlebt aber heutzutage dank starkem Interesse an gesunder Ernährung und Nachhaltigkeit eine Renaissance.

GÄRTEN DER MODERNE

Die Moderne wurde geprägt durch „Das Bauhaus" (1919 bis 1933). Der Grundsatz „die Form folgt der Funktion" führte zu regelmäßigen Rastern, geometrischen Formen und klaren Linienführungen. Ein Beispiel dafür ist der englische Garten Bury Court.

COTTAGE-GÄRTEN

Dieser Gartenstil besticht durch die Pflanzenfülle, welche die Geometrie der Anlagen verdeckt. Früher dienten die Gärten zur Selbstversorgung. Dank geschnittener Hecken werden verschiedene Gartenräume mit unterschiedlichen Themen geschaffen. Dieser Stil prägt die berühmten Englischen Gärten wie Sissinghurst und Hidcote Manor.

Realisierbare Wünsche für kleines Budget

In diesem Abschnitt finden wir heraus, was du willst. Dabei werden folgende drei einfache Techniken angewendet: Der Bestandsplan, das Moodboard mit Post-its und der Fragebogen. Mit diesen drei Grundschritten kann ein Garten auch mit nur kleinem Budget angelegt oder umgestaltet werden.

Nach dem Standort-Check und der Gartenstil-Auswahl hältst du deine Erkenntnisse in einem Plan fest. Dies machst du mit einem sogenannten Bestandsplan. Hier notierst du zunächst, was du schon Schönes in deinem Garten hast. Dafür kannst du deinen Garten ausmessen oder du arbeitest mit vorhandenen Grundlageplänen, meist sind schon Pläne von Haus und Garten verfügbar. Nimm bitte, wenn vorhanden, die Architektenpläne zur Hand und schaue, ob der Garten bei der Gestaltung des Hauses miteinbezogen wurde. Unglaublich hilfreich sind zudem Luftaufnahmen und sogenannte GIS-Karten (GIS ist eine Abkürzung für Geografisches Informationssystem). Solche Karten findest du im Internet auf den jeweiligen Geoportalen. Aktuelle Luftaufnahmen sind normalerweise auch bei Google Maps kostenlos zu finden. Dort kannst du die Ebene „Satellit" auswählen und mit einem Linksklick auf „Entfernung ausmessen" mit einem virtuellen Maßband die ungefähre Größe deines Gartens berechnen.

AUF DEN VORHANDENEN GARTEN EINGEHEN

Der beste Tipp bei kleinem Budget ist folgender: arbeite mit Vorhandenem und gehe auf den Ort ein. Nimm deshalb jetzt einen gelben und einen roten Farbstift zur Hand und markiere auf dem Bestandsplan die Elemente im Garten rot, die du behalten möchtest und diejenigen gelb, die beseitigt werden sollen. Mit dieser Technik hast du die Möglichkeit, mit dem Vorhandenen zu arbeiten.

Hanggärten

Mit folgendem Beispiel möchte ich dir demonstrieren, warum man auch bei einem Hanggarten kein großes Budget braucht. Ich habe schon so viele toll bepflanzte Hanggärten gesehen und trotzdem werde ich als Landschaftsarchitektin oft engagiert, um Stützmauern zu planen. Aber gerade Stützmauern gehören zu den Geldfressern im Garten. Nicht selten frage ich daher meine Kunden, ob sie wirklich eine Stützmauer von 50.000 Euro benötigen,

Eine Gartenskizze hilft dir, mit vorhandenen Gartenelementen zu arbeiten.

nur um ein paar Quadratmeter ebene Fläche mehr zu besitzen. Denn sind wir mal ehrlich, wäre ein Hanggarten mit Trampelpfaden nicht auch total spannend? So hat man teilweise sogar viel mehr Pflanzfläche und Abwechslung in einem Hanggarten und geht bei der Gartengestaltung gut auf das vorhandene Gelände ein.

MOODBOARD MIT POST-IT ANLEGEN

Das Wort „Moodboard" ist englisch und bedeutet wortwörtlich übersetzt „Stimmungstafel". Diese Tafel ist meist ein Blatt Papier oder ein Stück Karton, auf dem du deine Gartenideen festhältst. Dabei kannst du Bilder und Wörter miteinander kombinieren. Gerade das Moodboard hilft dir, dich im Garten auf ein übergeordnetes Thema zu konzentrieren und Dinge wegzulassen, die nicht passen. Wenn du bei der Auswahl der Materialien auf das Moodboard zurückgreifst, fällt diese trotz Überangebot viel leichter. Dank einer klaren Ideenliste wird viel kosteneffizienter eingekauft.

GELDFRESSER IM GARTEN

zu große Gehölze pflanzen

Pflanzen an den falschen Standort setzen

Erdverschiebungen

Stützmauern und Parkplätze

Das Moodboard dient als Stimmungsträger für die Gartenidee und hilft dabei, Wünsche zu visualisieren.

Um deine Gestaltungsidee zu visualisieren, sammelst du zunächst Bilder. Diese findest du in Gartenmagazinen, in Büchern oder im Netz bei Google oder Pinterest. Diese Bilder kombinierst du mit den passenden Worten, welche du auf Post-its schreibst. Nimm einen Post-it-Block zur Hand und schreibe darauf Gartenelemente, die du unbedingt in deinem Garten haben möchtest. Das könnten beispielsweise Blumenbeete, Apfelbaum, Hecke, Blütenstrauch und Rosenbogen sein. Neben konkreten Elementen schreibst du auch Wörter auf die Post-its, wie sich dein Garten anfühlen soll: modern, lebhaft und warm. Im ersten Schritt ist es wichtig zu sammeln. Danach fängst du an, deine gesammelten Bilder und Worte zu selektieren und nach Themen zu ordnen. Wer möchte, kann die Post-its auch schon im Bestandsplan anfangen zu verorten. Denn so kannst du gleich prüfen, ob alle deine Ideen im Garten einen Platz haben.

FRAGEBOGEN AUSFÜLLEN

In diesem Buch fokussieren wir uns darauf, wie du mit einfachen und günstigen Mitteln deinen Garten umgestalten kannst. Dies machen wir mit Elementen wie Gehölzen, Stauden, Gemüse und Blumen. Natürlich verwenden wir auch Gartenelemente wie Wege aus Schrittplatten, kleine Sitzplatzflächen aus Kies oder Rosenbögen. Wir verzichten aber auf Gartenumgestaltungen, die viel Manpower und große Maschinen benötigen, wie großflächige Geländeverschiebungen, Stützmauern und das Verpflanzen von ausgewachsenen Bäumen. Neben dem Moodboard ist der Einsatz eines Fragebogens daher ein gängiges Werkzeug, um deine Bedürfnisse zu ermitteln. Versuche den Fragebogen schnell und einfach auszufüllen, ohne dir den Kopf zu zerbrechen. Der Fragebogen befasst sich mit den Grundlagen der Gartengestaltung. Falls du die Begrifflichkeiten nicht verstehst, dann lies dir das passende Kapitel im Buch nochmals durch.

FRAGEBOGEN

THEMA	FRAGE	ANTWORT		
Stil	Welcher Gartenstil gefällt dir am besten?	☐ romantisch ☐ praktisch	☐ pflegeleicht ☐ nützlich	☐ natürlich ☐ exotisch
Pflanzen	Welche Bepflanzung bevorzugst du?	☐ Bäume ☐ Hecken ☐ Obst	☐ Stauden ☐ Sträucher ☐ Gemüse	☐ Rosen ☐ Kletterpflanzen ☐ Kräuter
Kosten	Wieviel Projekt-Budget ist vorhanden?	☐ < 1.000 € ☐ 5.000–10.000 € ☐ 15.000–20.000 €	☐ 1.000–5.000 € ☐ 10.000–15.000 € ☐ > 20.000 €	
Ausstattung	Welche Gartenelemente möchtest du?	☐ Wege ☐ Pergola ☐ Kompost	☐ Sichtschutz ☐ Sitzbank ☐ Regentonne	☐ Spielgeräte ☐ Zaun ☐ Hochbeet/Beet
Materialien	Welche Materialien möchtest du in deinem Garten?	☐ Holz ☐ Beton ☐ Blumenwiese	☐ Granit ☐ Sandstein ☐ Pflasterstein	☐ Kies ☐ Gartenrasen ☐ Glas
Farbe	Welche Farben magst du?	☐ Rot ☐ Orange	☐ Gelb ☐ Grün	☐ Blau ☐ Violett
Farbe	Welche Farben magst du nicht?	☐ Rot ☐ Orange	☐ Gelb ☐ Grün	☐ Blau ☐ Violett
Standort	Welche Lichtverhältnisse besitzt dein zukünftiger Garten?	☐ sonnig	☐ halbschattig	☐ schattig
Boden	Wie ist die Bodenbeschaffenheit deines Gartens?	☐ nass (3)	☐ Durchschnitt (2)	☐ trocken (1)
Pflege	Wie viel Zeit bist du bereit, dir für deinen Garten zu nehmen?	☐ so wenig wie möglich ☐ 1 bis 2 h pro Woche ☐ 4 bis 6 h pro Woche		

WAS KOSTET MICH MEIN GARTEN?

Selber machen & Geld sparen

Einer der größten Hebel, um mit begrenztem Budget seinen Garten umzugestalten, ist es, selber Hand anzulegen. Auch Hobbygärtner können schnell und einfach tolle Gartenräume mit Pflanzen erschaffen.

1

Bei meinen Gartengestaltungen und Blumenbeeten darf der Kunde natürlich auch selbst Hand anlegen und mitbestimmen. Natürlich muss er nicht, aber er darf. Denn wenn sich der Besitzer bei der Erstellung des Gartens beteiligt, kann er sich auch als dessen Gestalter betrachten. Somit steigt die Motivation sich danach um den Garten zu kümmern und ihn weiterzuentwickeln. Ein Garten benötigt Zeit und Zuwendung, dies am besten schon von Anfang an. Beteilige dich also bei der Planung und Umgestaltung deines Gartens! Du sparst dabei nicht nur reines Geld, sondern hast auch eine Ahnung davon, welche Pflanzen in deinem Garten wachsen und wie sie gepflegt werden können. Wer sich keinen Gartengestalter leisten kann oder möchte, greift auf Bücher und (Online-)Kurse von bekannten Gartengestaltern zurück. Denn sind wir mal ehrlich: Jahrelange Erfahrung zahlt sich immer aus.

DINGE, DIE DU IM GARTEN SELBST TUN KANNST

Gärtnern ist ein Prozess und kein Endzustand. Gärtnern ist noch viel mehr als das. Es ist Hobby, Leidenschaft, Fitness-Workout und Meditation in einem. Also verabschiede dich bitte vom Gedanken, dass Gärtnern reine Arbeit ist und habe Freude daran. Angst etwas falsch zu machen, ist ein weiterer Grund, warum viele Hausbesitzer in ihrem Garten nichts machen. Das führt leider oft zu seelenlosen Gärten. Deshalb meine Bitte an dich, trau dich! Es gibt Dinge, die Hobbygärtner auch alleine ausführen können. Dies sind z. B. das Anlegen von Beeten, das Aufpeppen deines Rasens, kleine

TIPP

Leg selbst Hand in deinem Garten an, denn das weckt auch deine Begeisterung zu gärtnern.

2

1. Ein Hebel, um Geld zu sparen, ist die Eigenproduktion von Pflanzen.

2. Gartenwege aus Kies und Schrittplatten können auch einfach selbst angelegt werden.

Sachen betonieren, das Pflanzen von Stauden, Gemüse und Gehölzen. Ebenso Schrittplatten, Rasenwege, Trampelpfade und kleine Sitzplätze aus Kies können noch in Eigenregie umgesetzt werden. Glaub mir, mit diesen einfachen Elementen kannst du deinen Garten günstig und schön umgestalten.

HIER BRAUCHST DU FACHPERSONAL

Aber es gibt auch Gartenelemente, wo es sich lohnt, eine Fachperson beizuziehen, z. B. bei Gartengestaltungen, die einen Bagger benötigen. Gerade bei Stützmauern ist höchste Vorsicht geboten, denn sie benötigen meist eine Baubewilligung und können bei unsachgemäßer Erstellung einbrechen und einen riesigen Schaden verursachen.
Auch Parkplätze sind nicht zu unterschätzen. Die Betonsteine können nicht einfach auf den Boden gesetzt werden, sondern benötigen eine sogenannte Fundationsschicht. Diese Schicht sollte etwa 30–50 cm dick sein und dazu braucht man Maschinen und Know-how. Diese Plätze sollten u. a. auch entwässert werden.
Ein weiteres Thema ist das Entfernen von großen Bäumen und älteren Hecken. Ein Merksatz lautet: Das, was du oben siehst, befindet sich auch im Boden. Ansonsten würde das Gehölz bei einem Sturm einfach umfallen. Außerdem können sehr hohe Gehölze wie Eichen, Rotbuchen und Linden nicht mehr ohne Hebebühne geschnitten werden, bei genügend Platz erreichen sie im Alter über 20 m Höhe. Daher ist bei einigen Gartenelementen Vorsicht geboten.

ELEMENTE, WO DU SELBST HAND ANLEGEN KANNST

Rasen aufpeppen

Briefkasten betonieren

Pflanzen setzen & Beete anlegen

Wege aus Kies oder Rasen anlegen

kleine Sitzplätze aus Kies gestalten

Geräte & Gefäße

Um seinen Garten umzugestalten und pflegen zu können, braucht man anständige Gerätschaften. Du musst aber nicht alles haben. Wir begrenzen uns auf die zehn wichtigsten in guter Qualität, mit denen du erfolgreich gärtnern kannst. Eine weitere Anschaffung für Pflanzenfreunde sind Töpfe und Gefäße.

Gefäße wie beispielsweise Tontöpfe, dienen u. a. auch als Gestaltungselement im Garten.

Wer schon mal durch den Baumarkt gelaufen ist, kennt die unzählige Auswahl an Gartengeräten. Gerade für Einsteiger kann der Einkauf eine große Herausforderung sein. Damit du diesen sauber meistern kannst, schauen wir uns die wichtigsten Gartengeräte und ihre Funktionen genauer an. Achte beim Kauf auf Qualität, denn so hast du möglichst lange Freude daran.

DIE 10 WICHTIGSTEN GARTENGERÄTE

Ein Klassiker unter den Gerätschaften ist der Spaten. Er wird benötigt, um Pflanzen auszugraben und zu teilen. Die große Schaufel ist eine der meistgebrauchten Werkzeuge im Garten. Mit der Schaufel können Materialien wie Erde, Sand oder Kies bewegt werden. Zudem wird die Schaufel zum Pflanzen von größeren Stauden und Gehölzen benötigt.
Gerade im Herbst, wenn die Blätter am Boden liegen, kommt der Rechen zum Einsatz. Damit kannst du Lockermaterial wie Laub und Rasenschnitt zusammenziehen.
Die Gartenschere wird benötigt, um Blumen zu schneiden und Stauden zu stutzen. Wer viele Gehölze im Garten hat, sollte eine hochwertige Baumschere kaufen. Gerade bei Bäumen lohnt sich eine Astsäge. Damit schneidest du Bäume und größere Büsche zurück. Neben der Astsäge wird meist auch eine Leiter benötigt, um das lebendige Holz vom Baum zu sägen. Wer eine klassische Hecke im Garten hat und einen besonders sauberen und schonenden Schnitt mag, braucht eine Heckenschere. Die kann man sich aber auch gut im Gartencenter ausleihen. Wer Rasen im Garten hat, sollte diesen natürlich auch pflegen. Das geschieht mit dem Rasenmäher. Wer es günstig mag, kann auf einen Handrasenmäher zurückgreifen. Da ich mich auf Blumenbeete spezialisiert habe, ist die Handschaufel das von mir meistgenutzte Werkzeug. Damit pflanze ich Stauden und Blumenzwiebeln im Akkord. Nach dem

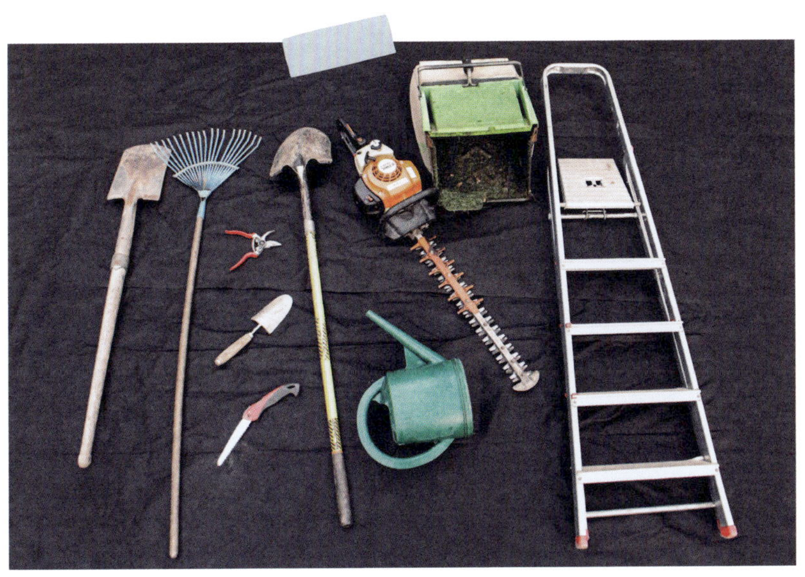

Pflanzen ist das A und O die Pflanzen zu gießen. Dafür benötigst du eine Gießkanne. Auch Pflanzen in Töpfen sollten regelmäßig gegossen werden.

DIE PASSENDEN GEFÄSSE – TON ODER PLASTIK?

Neben dem Angebot an Gerätschaften ist natürlich auch das Angebot an Pflanzgefäßen riesig. Bei Töpfen ist vor allem das Material ausschlaggebend. Tontöpfe sind durchlässig, sodass die Wurzeln kühl bleiben. Die Durchlässigkeit führt aber auch dazu, dass man meistens mehr gießen muss, was Geld kostet. Sie sind im Normalfall winterfest (stelle sie sicherheitshalber auf Füßchen oder Bretter), was insbesondere für hochwertige, echte Terrakottaware gilt. Hochwertige Tontöpfe sind aber ab einer bestimmten Größe sehr teuer und in gefülltem Zustand zudem sehr schwer.
Töpfe aus Plastik sind preiswerter, aber durchaus nicht so schmückend wie Keramik. Keramiktöpfe bilden meist auch ein gartengestalterisches Element. Sie werden gerne als dekorativer Kontrast zu den Pflanzen verwendet. Zudem sind günstige Plastiktöpfe nicht UV-beständig und größere Gefäße können dadurch reißen. Was oftmals dann den höheren Preis von Tontöpfen rechtfertigt. Beide Topfarten lassen sich grundsätzlich wiederverwenden und schonen so nicht nur den Geldbeutel, sondern auch die Umwelt.
Des Weiteren gibt es Holztröge und Metallgefäße. Holzgefäße wirken traditionell und verleihen dem zu gestaltenden Bereich einen heimischen Charme. Sie halten aber nicht ewig und verfaulen mit der Zeit. Metall ist zudem viel haltbarer, aber nicht gerade billig.
Wer gerne ökologisch und günstig handelt, kann auch Zweckentfremdetes als Gefäß nutzen, z. B. Joghurtbecher und Gemüseschalen für die Jungpflanzenanzucht oder alte Dosen, Tassen, Teekannen als Vintage-Übertöpfe. Es muss nicht immer als neu sein!

DIE 10 WICHTIGSTEN GERÄTSCHAFTEN

Grabspaten oder -gabel

große Schaufel

Rechen

Gartenschere

Baumschere

Astschere

Handschaufel

Gießkanne

Rasenmäher

Leiter

Erden und Substrate sinnvoll nutzen

Einer der größten Hebel für Hobbygärtner, um erfolgreich und günstig zu gärtnern, ist der Faktor Boden. Das heißt, ich suche mir die Pflanzen für den vorhandenen Boden aus oder versuche den Untergrund intelligent zu verbessern.

1

Feldsalat als Nachfrucht schont und bedeckt den Boden im Winter.

Als Gartengestalterin ist der Standort für meine Blumenbeete das A und O. Denn ich biete meinen Kunden nicht nur schöne Pflanzkonzepte an, sondern das Ganze sollte auch funktionieren. Einer meiner Geling-Faktoren ist neben den Lichtverhältnissen der Boden. Deshalb möchte ich mit dir fünf Ideen teilen, wie du Erde und Substrate sinnvoll nutzen kannst.

1. MISCHE KOMPOST DARUNTER

Um Böden zu verbessern und ihnen Gutes zu tun, verabreiche ich Komposterde. Wenn du das jährlich wiederholst und selbstangesetzte Komposterde verwendest (siehe Folgeseite), erhöhst du den Nährstoffgehalt enorm und sparst dir das Geld für Düngemittel. Das Tolle an einer Schicht Kompost ist, dass organisches Material hilft, Feuchtigkeit zu speichern. Gerade bei Ton- oder Sandböden (siehe Seite 6–7) hilft der Kompost weiter und fördert gesundes Pflanzenwachstum. Falls der Boden schlecht durchlässig ist und Staunässe entsteht, hilft das Einarbeiten von kalkfreiem Grobsand. Im Baumarkt findet man eine unzählige Auswahl von verschiedenen Substraten. Es gibt beispielsweise Geranien-, Gemüse-, Kräuter-, Kübelpflanzen-, Hochbeet-, Blumen-, Beeren- und Zimmerpflanzenerde. Ich bin Landschaftsarchitektin mit eigener Gärtnerei, da haben wir einen Erdhaufen für die Pflanzenanzucht (nährstoffarme Erde) und einen für das Umtopfen bzw. manchmal auch zum Aufwerten der Beete.

2. WÄHLE PFLANZEN NACH DEM STANDORT AUS

Unsere Gartenböden bestehen in unterschiedlicher Zusammensetzung aus Sand, Schluff und Ton. Weitere Elemente, die Einfluss auf den Gartenboden und dessen pH-Wert haben, sind Kalk und Torf. Da Böden sehr unterschiedlich zusammengesetzt sind, solltest du sie kennen

2

1. Das Schnittgut der Gründüngung wird später einfach als Verbesserung in den Boden eingearbeitet.

2. Komposterde erhöht den Nährstoffgehalt des Bodens.

und die passenden Pflanzen dafür auswählen. Die Missachtung der örtlichen Gegebenheiten kann dazu führen, dass deine Pflanzen nur kümmerlich gedeihen oder sie absterben und du sie ersetzen musst.
Das bedeutet, dass du beim Einkauf von Stauden und Gehölzen auf deren Boden- und Lichtansprüche achten solltest. Dies ist so zentral wichtig, dass die meisten Pflanzen in den Fachgeschäften ein Etikett tragen, wo genau das draufsteht. Falls dies nicht der Fall ist, kannst du die Pflanzen auch in einem Katalog oder auf den Seiten von guten Pflanzenanbietern im Internet nachschauen. Setzlinge und Samen sollten in ein gut durchlässiges und unkrautfreies, mit Kompost aufgewertetes Beet gesetzt bzw. gesät werden.

3. VERBESSERE DIE BÖDEN MIT PFLANZEN

In der Fachsprache spricht man von einer Vorkultur bzw. einer Gründüngung. In Hausgärten wird sie meist in Gemüsebeet betrieben.
Ich bin davon so begeistert, dass ich die Vorkultur bei schlechten Untergründen oder, wenn die Flächen erst später bepflanzt werden sollen, auch in der Blumenbeet-Gestaltung anwende. Z. B. ist Senf für eine Voraussaat geeignet, denn er lockert und durchlüftet den Boden. Die Pflanzen kannst du später einfach im Boden einarbeiten.

GUTE GRÜNDÜNGER-PFLANZEN

Im Frühling/Sommer mit Aussaat von April bis Ende Juli:
Ackerbohne, Alexandrinerklee, Hornklee, Weißklee, Inkarnatklee, Buchweizen, Gelbsenf, Luzerne, Phazelie, Ringelblume, Sonnenblume, Tagetes, Ölrettich

Im Herbst/Winter mit Aussaat im September:
Winterroggen, Winterleguminosen, Winterwicke

1. Wer Pflanzen mit Hausmitteln wie Kaffeesatz stärkt, schont nicht nur die Umwelt, sondern auch den Geldbeutel.

2. Pflanzen mit einem Nährstoffmangel kannst du mit einer verdünnten Jauche gießen.

4. GRABE SCHWEREN BODEN UM

Wer ein gänzlich neues Beet anlegen möchte, sollte den Boden optimal vorbereiten. Dies kann durch Umgraben erfolgen. Dank des Umgrabens werden harte Klumpen aufgebrochen sowie Steine und Unkraut entfernt. Dies erleichtert das Setzen von Stauden und Einwachsen neuer Pflanzen erstaunlich.
Es gibt Leute, die auf die Methode „Gärtnern ohne Umgraben" schwören. Dabei wird bei der Anlage eines neuen Beetes, z. B. auf einem Rasenstück, gesammelte Pappe ausgelegt und dann mit organischer Substanz aufgefüllt. Dafür brauchst du aber ziemlich viel Material (Stroh usw.) und neues Substrat. Wenn du mit einem vorhandenen, schweren Boden arbeiten musst, solltest du zum Spaten greifen. Falls der Boden in einem guten Zustand ist, reicht auch eine Grabgabel. Damit gräbst du die obersten 20 cm um. Entferne dabei alles, was nicht in den Boden gehört, wie z. B. Steine, Müll und größere Wurzeln. Danach kannst du reichlich Kompost einarbeiten, sofern der Boden nicht staunass ist.

5. SCHENKE NUTZPFLANZEN NÄHRSTOFFE

Beim Pflanzenwachstum spielen neben dem Standort auch Nährstoffe eine entscheidende Rolle. Wenn diese Stoffe fehlen, entstehen bei den Pflanzen Mangelerscheinungen. Diese erkennst du an der Verfärbung der Blätter und am kümmerlichen Wuchs der Pflanze. Um Mangelerscheinungen zu korrigieren, kann neben der Zugabe von Komposterde auch gedüngt werden. Beim Thema Düngung im Nutzgarten empfehle ich gerne eine natürliche Düngung wie das Verwenden von Pflanzenjauchen, weil du diese kostengünstig selbst herstellen kannst und etliche von ihnen die Pflanzen gegen den Befall von Krankheiten und Schädlinge stärken (siehe Seite 27). Doch Vorsicht: viel hilft nicht viel!
Es kann auch zur Überdüngung kommen, besonders wenn du Flüssigdünger aus dem Handel nimmst, die von der Pflanze schnell aufgenommen werden. Ein überdüngtes Blatt erkennst du an „verbrannten" Spitzen und Rändern. Typische Mangelerscheinungen bei Pflanzen entstehen durch das Fehlen von folgenden Kernnährelementen wie Stickstoff

(N), Phosphor (P) und Kalium (K). Einen Stickstoffmangel erkennst du an der flächig gelben Verfärbung des gesamten Blattes. Wenn Phosphor bei der Pflanze fehlt, dann erscheinen halbmondförmige, braune bis braunschwarze Flecken auf den Blättern, die von der Spitze her absterben. Bei Kaliummangel fängt die Pflanze an zu welken und die Blattränder verfärben sich braun.
Im Nutzgarten werden schwachzehrende Pflanzen wie Bohnen, Erbsen, Radieschen, Feldsalat, mediterrane Kräuter gar nicht gedüngt. Das Geld kannst du dir in jedem Fall sparen. Dagegen brauchen Starkzehrer wie Tomate, Paprika, Gurken, Zucchini, Kohl regelmäßige Düngergaben. Einen relativ hohen Stickstoffgehalt besitzt die Brennnessel-Jauche und ist daher ideal für diese hungrigen Kulturen.

KAFFEESATZ ALS BELIEBTES HAUSMITTEL

Kaffeesatz enthält Inhaltsstoffe wie Stickstoff, Phosphor und Kalium. Er ist mit einem pH-Wert von 6,5 leicht sauer. Wer morgens nicht auf seinen Kaffee verzichten kann, besitzt in Hülle und Fülle kostbaren, kostenlosen Dünger. Regenwürmer lieben glücklicherweise Kaffeesatz, doch Ameisen und Schnecken finden ihn abstoßend. Der Kaffeesatz kann einfach auf den Kompost gegeben werden, um ihn verrotten zu lassen oder man arbeitet ihn viermal jährlich in die Erde im Beet ein. Diesen Düngerersatz mögen Hortensien, Rhododendren und Kamelien. Aber auch Nutzpflanzen wie Gurken, Tomaten, Heidelbeeren und Erdbeeren. Zudem können Rosen damit gestärkt werden.

Da Kaffeesatz einen niedrigen pH-Wert hat, kannst du Pflanzen wie Rhododendren damit düngen.

KOMPOST SELBST MACHEN

Natürlicher Dünger in 4 Schritten

1. Bei der Gartenplanung sollten weniger dekorative Elemente nicht vergessen werden. Mit einem Komposthaufen kannst du Pflanzenreste recyceln und bekommst im Gegenzug kostenlose Nährstoffe. Der ideale Standort liegt im Halbschatten. Ein Kompost sollte Bodenanschluss haben, damit die fleißigen Bodenlebewesen auch an die Pflanzenreste kommen. Bei der Wahl der Umrandung muss der natürliche Luftaustausch gewährleistet sein. Eine einfache Variante dafür sind Einwegpaletten.

2. Mit Hilfe von gewissen Garten- und Küchenabfällen kannst du dank der Kompostierung Dünger herstellen. Achte darauf, welche Materialien dafür brauchbar sind. Auf den Kompost dürfen: klein geschnittenes Strauchwerk, Laub, Kaffee- und Teesatz, Eierschalen, Obst, Gemüse, Pflanzen und Rasenschnitt. Nicht auf den Kompost gehören: gewürzte und gekochte Speisereste sowie Ofenasche. Vorsicht geboten ist bei Wurzelunkräutern, Samenständen von Unerwünschtem und kranken Pflanzenteilen.

3. Wer einen Kompost anlegt, sollte diesen schichten, um eine gute Durchlüftung zu gewährleisten. Ganz nach unten gehört der Holzschnitt von Ästen. Darüber kommen Laub und Rasenschnitt, zum Schluss Gartenabfälle, Obst- und Gemüsereste. Zur Beschleunigung der Rotte werden ein paar Schaufeln reifer Kompost oder Urgesteinsmehl daruntergemischt.

4. Wichtig ist es, den Kompost während des Reifeprozess immer etwas feucht zu halten. Zu Beginn entsteht Wärme, da die Mikroorganismen als Erstes die schnell abbaubaren Stoffe verzehren. Danach sinkt die Temperatur wieder und Kleinstlebewesen wie Würmer ziehen in den Kompost ein. Somit findet die Kaltrotte statt und es entsteht Humus. Es dauert etwa neun Monate, bis der Kompost reif ist und du ihn als Dünger verwenden kannst.

BRENNNESSEL-JAUCHE SELBST MACHEN

1. Dieser natürliche Dünger kann einfach selbst gemacht werden. Generell enthalten Pflanzenjauchen viel Stickstoff und Kalium. Um die Jauche anzusetzen, benötigt es folgende Materialien: Handschuhe, Gartenschere, Stock, Regenwasser, frische Brennnesseln, ein großes Gefäß mit Deckel (kein Metall!) oder Holzbrett. Für ca. 10 Liter Wasser werden 1 kg Brennnesseln benötigt.

2. Die Brennnesseln werden kurz über dem Boden abgeschnitten und danach zerkleinert oder ganz ins Gefäß gegeben. Im nächsten Schritt mischst du die Brennnesseln mit dem Wasser. Decke das Gefäß mit einem Holzbrett ab. Achte darauf, dass Deckel oder Brett einen Luftaustausch ermöglichen. Pflanzenjauchen zur Düngung können auch aus Pflanzen wie Beinwell oder Giersch hergestellt werden. Zur Pflanzenstärkung gegen Krankheiten sind Brennnesseln und Schachtelhalm wirksam.

3. Wähle ein sonniges Plätzchen für deine Jauche, um den Gärprozess zu beschleunigen. Die Jauche sollte regelmäßig gerührt werden. Dabei kannst du den Stock zum Rühren nehmen. Der Gärungsprozess dauert rund zwei Wochen. Leider fängt die Jauche schon nach wenigen Tagen an zu müffeln. Um den Geruch zu binden, gib etwas Gesteinsmehl hinzu. Der Gärungsprozess ist abgeschlossen, wenn die Mischung nicht mehr schäumt.

4. Bevor die Jauche zum Einsatz kommen kann, sollten die Pflanzenreste entfernt werden. Dies kann mithilfe eines Siebs geschehen. Entsorge die Pflanzenreste auf dem Kompost. Nun kann die Brennnessel-Jauche im Verhältnis 1:10 mit Wasser verdünnt werden. Nährstoffhungrige Gemüse wie Gurken, Tomaten, Kohl und Zucchini werden am besten wöchentlich damit gedüngt. Bohnen, Erbsen, Zwiebeln und Obst sowie Blumen sollten mit der Jauche nicht gegossen werden.

Wasser sparen

Beim Gestalten unserer Gärten müssen wir darauf achten, dass sie auch in Zukunft funktionieren. Mit der richtigen Pflanzenwahl kannst du aber viel Wasser sparen und kommst gut durch Trockenperioden.

1

Die Römische Kamille ist sehr trittfest und wird deshalb häufig als Rasenersatz verwendet.

Der Klimawandel ist inzwischen auch in unseren Gärten spürbar, z. B. wurde noch vor fünf Jahren fast jeder „Nullachtfünfzehn-Garten" mit einer Thujahecke ausgestattet. Da die Schweiz sehr südlich liegt, gibt es in meiner Region nur noch Thujahecken des Schreckens. Wer noch eine schöne Thujahecke hat, war im Sommer mit dem Wasser nicht sparsam. Der Hintergrund dazu ist, dass die Thujapflanze ursprünglich aus Nordamerika stammt und einen feuchten Standort benötigt. Bei Trockenzeiten mit über 14 Tagen ohne Regen schadet ihr das zu jeder Jahreszeit. Somit gerät die Thuja in einen Dauerstress und wird anfällig für Krankheiten und Schädlinge. Dies führt dazu, dass sie braun wird und abstirbt.

HITZEVERTRÄGLICHE STRÄUCHER

Da die Thuja in unseren Breitengraden langsam ausstirbt, benötigen wir Alternativen für den sonnig bis halbschattigen Standort mit trockenem Boden. Heimische Möglichkeiten wären Feld-Ahorn, Berberitze, Kornelkirsche und Alpen-Johannisbeere. Nicht-heimische Arten, die aktuell sehr populär sind, wären: Portugiesischer Lorbeer (Achtung, nicht Kirschlorbeer, dieser verbreitet sich invasiv!) und Rotlaubige Glanzmispel. Die beiden Letzteren sind immergrün und vertragen mäßig trockene Böden.

DER DURSTIGE RASEN

Je wärmer es wird, desto brauner sind die Rasen im Sommer. Viele Gartenbesitzer träumen von einem kräftig grünen, englisch angehauchten Rasen. Diese Art von Zierrasen benötigt allerdings viel Pflege, z. B. sollte er regelmäßig gemäht, gedüngt und vertikutiert werden. Da es bei uns nicht so oft regnet wie auf der Insel, muss so ein Rasen in trockenen Pha-

2

sen auch gewässert werden. Ein typischer englischer Rasen ist sehr artenarm und besteht nur aus wenigen Gräserarten, die im Sommer durstig sind. Etwas Abhilfe gegen schnelles Austrocknen kannst du schaffen, wenn du im Sommer die Gräser höher wachsen lässt (mindestens 5 cm) und früh morgens den Sprenger gegen zu viel Verdunstung anschaltest. Eine der einfachsten Lösungen, um grüner und ökologischer durch den Sommer zu kommen, ist ein Blumenrasen aus Rasenkamille!

STAUDEN OHNE GIESSEN

Es gibt Blumenbeete, die kommen problemlos durch Trockenperioden und benötigen keinen Kompost oder Dünger. Das Tolle dabei ist, dass sie auch noch atemberaubend schön aussehen. Zwei berühmte englische Beispiele dafür sind der Kiesgarten von Beth Chatto und der Sussex Prairie Garden. Die Inspiration von Präriebeeten ist die nordamerikanische Steppe. Typische Stauden, die in den Beeten genutzt werden, haben ihren Ursprung in Amerika und vertragen den klimabedingten Wassermangel. Als Beispiel möchte ich Vertreter wie Purpur-Sonnenhut, Prachtkerze, Eisenkraut, Indianernessel und Salbei nennen. Diese Stauden bevorzugen trockene Böden und lieben die Sonne.

Beth Chatto war Engländerin und ist 1923 geboren. Zu ihrer Zeit war es revolutionär, Pflanzen standortgerecht zu verwenden. Ihr bekanntestes Werk ist der Kiesgarten. Dieser war ursprünglich ein Parkplatz. Die Pflanzen sind perfekt auf den Standort abgestimmt. Damit sie, einmal angewachsen, nie wieder gegossen werden müssen. Typische Pflanzen im Kiesgarten sind: Federgras, Palmlilie, Katzenminze, Königskerze und Feder-Nelke.

CHECKLISTE: WASSER SPAREN

hitzeverträgliche Pflanzen wählen

Regenwasser zum Gießen nutzen

mit Mulch die Verdunstung verringern

regelmäßig hacken, damit das Wasser besser in den Boden eindringen kann

morgens und abends gießen, um die Verdunstung zu verringern

seltener, dafür durchdringend gießen

1. Die Pflanzen aus dem Sussex Prairie Garden sind hitze- und trockenheitsresistent.

2. Wer seinen Garten mulcht, kann der Verdunstung entgegenwirken.

Pflanzen kaufen & selber machen

Bei der Gartenumgestaltung kommt es oft vor, dass Budget und Kostenschätzung nicht übereinstimmen. Ich gebe euch hier einige Tipps und Tricks, mit denen ihr insbesondere die Pflanzenkosten massiv drosseln könnt. Somit werden die schönsten Gartenvisionen auch mit geringem Budget umgesetzt.

1

Nach der Planung geht es an die Umsetzung. Das Tolle an Planung ist, dass du schon ungefähr weißt, was du willst. Dank diesem Wissen und den tollen Internetauftritten vieler Gärtnereien und Baumschulen, hast du nun die Möglichkeit herauszufinden, mit welchen Kosten du rechnen solltest. Aber Achtung, es kann passieren, dass dein vorgegebenes Budget und deine errechneten Kosten nicht übereinstimmen. Das ist aber kein Grund, um deine Gartenvision nicht umzusetzen. Denn es gilt der Vorsatz: Wer einen Gartenplan hat, findet Wege, diesen umzusetzen. Gerade als ich noch als Landschaftsarchitektin in der Objektplanung gearbeitet habe, war dies mein Alltag.

GESTALTUNGSBEISPIEL MIT BLICK AUF DIE KOSTEN

Als Beispiel möchtest du deinen Garten mit folgenden Elementen umgestalten: Einer heimischen Hecke, einem schattenspendenden Baum, einzelnen Rosen, einem Kräutergarten, einem Nutzbeet und einem atemberaubenden Blumenbeet für den Vorgarten. Dank deiner Kostenrechnung weißt du, dass dein Budget knapp ist. Ich zeige dir hier, wie du bei der Pflanzenbeschaffung bares Geld sparen kannst.

Gehölze günstig kaufen

Gehölze sind wertvoll und du benötigst sie in der Gestaltung, um Gartenräume zu schaffen. Auch sind sie wichtig für Schatten und Privatsphäre. Mit dem Begriff Gehölze sind vor allem Hecken, Bäume und Sträucher gemeint. In unserem Beispiel möchtest du als schattenspendenden Baum eine ahornblättrige Platane setzen. Diese aus Samen zu gewinnen benötigt Jahre, deshalb lohnt es sich zur Umgestaltung von Gärten junge, noch nicht ausgewachsene Gehölze von Baumschulen zu kaufen. Wenn du einen Solitärbaum mit Drahtballierung und einer Höhe von 2,50–3 m kaufst, dann kostet dich das aktuell etwa 350 €. Wenn du einen doppelt so hohen Baum mit gleicher Qualität kaufst, kostet das rund 1.000 € mehr. Hinzu kommen noch Transportkosten. Eine weitere Möglichkeit, um Gehölze für einen kleinen Taler zu erwerben, ist das Thema „wurzelnackte Bepflanzung". Das wird auch „Pflanzen ohne Ballen" genannt.

2

3

1. Hier werden Liguster mit Erdballen als Hecke gepflanzt.

2. Wurzelnackte Ware wie die von Obstbäumen sollte vor dem Einpflanzen gut gewässert werden.

3. Wer Gehölze und Blumen kaufen möchte, ist in einer Gärtnerei oder Baumschule am besten aufgehoben.

CHECKLISTE: PFLANZENKAUF

den richtigen Zeitpunkt beachten (Herbst/Frühling)

---

gesunde Pflanzen wählen, die schön gewachsen sind

Pflanzen mit regionaler Herkunft bevorzugen, weil sie schon ans Klima angepasst sind

---

bei Ballenware auf gute Durchwurzelung achten

Der Vorteil bei wurzelnackter Bepflanzung ist vor allem der Preis. Denn eine Platane solitär mit einer Größe von 2,50–3 m ohne Ballen kostet ungefähr 38 Euro. Dieser hohe Preisunterschied entsteht, weil getopfte Ware einen viel größeren Pflegeaufwand in der Produktion bedeutet. Der Nachteil bei wurzelnackten Gehölzen ist, dass die Bepflanzung nur wenige Wochen im Herbst und Frühling möglich ist. In Baumschulen wird nämlich erst nach dem Laubfall gerodet. Somit kriegst du wurzelnackte Gehölze auch nur in Baumschulen und nicht in Bau- und Hobbymärkten.
Ich empfehle, deine Pflanzen in Gärtnereien und Baumschulen zu kaufen, denn dort ist die Qualität um einiges besser. Das erhöht die Chance, dass du dich vor dem Fehler bewahrst, Pflanzen zweimal kaufen zu müssen.

Hecken, Sträucher und Rosen

Die sogenannten Containerpflanzen sind so beliebt, weil viele Gartenbesitzer meist nur Pflanzen kaufen, die voll Laub sind und in Blüte stehen. So können die zukünftigen Pflanzenbesitzer sich einfach besser vorstellen, wie die Pflanze in ihrem Garten wirkt. Diese Art der Pflanzen kann man ganzjährig kaufen und setzen. Gerade aber bei Heckenpflanzungen, bei denen du viele Pflanzen benötigst, kann es sich ebenso wie bei Bäumen lohnen, wurzelnackte Gehölze zu kaufen. In der Regel gibt es meist nur heimische Heckenpflanzen wie Rotbuche, Liguster und Ahorn wurzelnackt zu kaufen. Auch Obstbäume und Rosen bekommst du in Fachbetrieben wurzelnackt.
Die Erfahrung zeigt, dass Gartenbesitzer gerne immergrüne Containerpflanzen wie Eiben kaufen.

Containerpflanzen können ganzjährig gekauft und eingesetzt werden.

1

2

1. + 2. Die allseits beliebten Rosen können im Container, mit Ballen oder wurzelnackt gekauft werden.

Gerade Hecken werden meist gepflanzt, um Sichtschutz und Privatsphäre im Garten zu genießen, darum sind höhere Gehölze beliebter. Doch welche Höhe ist dabei die idealste? Hier ist ein Blick in die Pflanzliste der Baumschule deiner Wahl empfehlenswert, denn ab einer gewissen Höhe steigen die Preise rasch an. Ich habe die besten Erfahrungen mit folgenden drei Größen gemacht: 80–100 cm, 100–125 cm oder 125–150 cm. Baumschulen arbeiten mit Abkürzungen wie HEC 80/100. Das bedeutet also, dass eine Heckenpflanze im Container zwischen 80–100 cm hoch ist. Auch hier gilt das Motto: Je kleiner, desto günstiger. Ich persönlich setze keine Heckenpflanzen unter 80 cm, weil es sonst mehrere Jahre dauern kann, bis Sichtschutz und Privatsphäre entstehen. Bei diesen Sorten gibt es den Richtwert: Je schnellwachsender die Pflanzenart ist, desto günstiger die Anschaffung.

3 Ideen, wie du dein Blumenbeet günstig umsetzen kannst

In unserem Beispiel der Gartenverschönerung möchten wir neben Gehölzen auch ein atemberaubendes Blumenbeet im Vorgarten gestalten. Solche Beete bestehen meist aus Stauden, kombiniert mit Zwiebelpflanzen und Kleingehölzen. Grundsätzlich sind Stauden im Gegensatz zu Gehölzen nicht allzu teuer in der Anschaffung. Doch wer Staudenbeete auf einer größeren Fläche anwenden möchte, braucht große Stückzahlen und diese können dein Budget schnell mal sprengen. Doch auch hier gibt es Wege, dein Blumenbeet mit knappem Budget umzusetzen.

Dieses Hochbeet mit Lavendel, Ysop, Salbei und Thymian wurde aus Brettern gebaut.

1. Stauden in kleinen Töpfchen kaufen

Stauden kauft man im Normalfall nicht wurzelnackt, sondern im Container bzw. Töpfchen. Es gibt Gärtnereien, die haben Sammlungen von Schwertlilien, Pfingstrosen und Taglilien. Dort kann man die Pflanzen auch wurzelnackt bzw. als Knolle kaufen. Das wird aber nicht aus Spargründen gemacht, sondern um an Pflanzensorten zu gelangen, die es im Großhandel meist nicht gibt. Bei Staudencontainern gilt die Regel: Je größer das Töpfchen, desto größer der Preis. Der Grund dafür ist: Je größer der Topf, desto öfter wurde die Pflanze umgetopft und desto besser ist die Qualität. Da Blumenbeete ein Jahr oder mehr benötigen, um einzuwachsen, ist es völlig in Ordnung, sie im kleinen Töpfchen zu kaufen. Stauden wachsen im Gegensatz zu Gehölzen zügig.

2. Stauden tauschen

Wer gerne die eine oder andere Pflanze vermehrt, kann diese auch tauschen, z. B. über den Gartenzaun mit einem netten Nachbarn. Oder frag doch einfach mal bei deinen Gartenfreunden nach, ob jemand mit dir tauschen möchte. In größeren Städten gibt es dafür extra Pflanzentauschmärkte.

3. Restrampen im Gartencenter nutzen

Zum Saisonende können Pflanzen wie Stauden und Gehölze günstig erworben werden, denn viele Gartencenter können die Pflanzen meist nicht überwintern. So bieten sie Pflanzen, die nicht mehr blühen, zum reduzierten Preis an, bevor sie diese wegwerfen müssen. Solange die Pflanzen noch grün und lebendig wirken, darf da gerne das eine oder andere Schnäppchen gemacht werden.

Kräuter- und Nutzgartenbeet

Kräuter sind in der Regel sehr anspruchslos. Viele sind mehrjährig, brauchen wenig Wasser, Dünger und Pflege und können leicht vermehrt werden. Mit Kräutern an sich kannst du daher schon bares Geld sparen. Pflanze sie in Hausnähe, so hast du sie schnell greifbar. Ab Seite 73 habe ich dir meine Empfehlungen zusammengestellt.
Viele Gemüse sind dagegen einjährig und müssen jedes Jahr neu ausgesät werden. Etliche brauchen viel Dünger. Wer kostengünstig Gemüse anbauen will, sollte daher eigenes Saatgut ernten (siehe Seite 38) und auf robuste Sorten und Arten mit Erntegarantie zurückgreifen, z. B. Pflücksalate, Radieschen, Zucchini, Erbsen, Bohnen, Mangold, Spinat, Feldsalat, Rote Bete, Zwiebeln, Knollen-Ziest, Süßkartoffeln. Wer noch dazu in Mischkultur anbaut (siehe Seite 40), unterstützt gesundes Wachstum. Zudem kannst du mit Rasenmulch viel gegen Austrocknung tun und eigenen Kompost/Jauchen zum Düngen ansetzen.

SPARTIPPS BEIM PFLEGEN

Stämme von Bäumen im Winter mit Kalk anstreichen, damit die Rinde nicht reißt.

Für den Winterschutz im Herbst Laub aufsammeln und die Beete damit abdecken, das düngt gleichzeitig den Boden.

Frühbeetkasten mit vorhandenen Brettern und alten Glasscheiben anlegen, dann hast du schnell frisches Gemüse.

Pflanzen mit Schneckenzäunen gegen zu hohe Verluste im Beet schützen.

Das Laub von frühlingsblühenden Zwiebelpflanzen so lange stehen lassen, bis es verwelkt ist, damit die Nährstoffe aus den Blättern in die Zwiebeln gehen und du nächstes Jahr wieder tolle Zwiebelblumen hast.

Kräuter für buschigeren Wuchs zurückschneiden, damit du öfter ernten kannst.

Die Beete im Sommer mit ca. 4 cm hohem Rasenschnitt bedecken, damit sie nicht austrocknen.

Den Boden hacken, damit die Feuchtigkeit in tiefere Schichten dringen kann.

Auf robuste Pflanzen setzen, die widerstandsfähig gegen Krankheiten und Schädlinge sind. Vorbeugend als Stärkung mit Pflanzenjauchen gießen.

1

1. Das Zurückschneiden von Kräutern fördert einen buschigen Wuchs.

2. Stauden kauft man meistens in Gärtnereien im Töpfchen.

PFLANZEN SELBST VERMEHREN

Mit der Pflanzenvermehrung kannst du viel Geld sparen. Manche Methoden brauchen etwas Zeit und Geduld und sind für diejenigen, die gerne gärtnern. Das Pflanzenteilen macht aber viel Freude, geht super schnell und du bekommst viele kostenlose neue Pflanzen.
Bei der Pflanzenvermehrung unterscheiden wir grundsätzlich in generative und vegetative Vermehrung, also durch Samen oder Pflanzen.

Vermehrung durch Aussaat

Die Vermehrung durch Samen ist eine geschlechtliche Vermehrung. Dies ist bei einjährigen Blumen wie Ringelblume, Zinnie, Kapuzinerkresse und Gemüsen wie Zucchini, Aubergine, Paprika die einzige Möglichkeit der Vermehrung. Wärmeliebende Pflanzen müssen auf der Fensterbank ab Februar ausgesät werden und können nach den Eisheiligen ab Mitte Mai als Jungpflanzen ins Beet. Samen von kälteunempfindlicheren wie Spinat dürfen direkt ins Beet. Für die Aussaat auf dem warmen Fensterbrett befüllst du die Saatschalen mit nährstoffarmer Erde, drückst sie gut an und streust die Samen darüber (Dunkelkeimer etwas mit Erde bedecken, sie haben wie beispielsweise die Kapuzinerkresse meist große Samenkörner; Lichtkeimer haben sehr kleine Samenkörner und werden nicht bedeckt), gut feucht halten und am besten mit einer durchsichtigen Haube abdecken.
Es gibt auch Pflanzen, die durch Versamung im Beet bleiben und sich verbreiten. In der Fachsprache heißen sie kurzlebige Stauden mit hoher generativer Ausbreitungsrate.

Vegetative Vermehrung

Die Vermehrung erfolgt durch das Abtrennen von Pflanzenteilen, die neue Pflanze ist also eine

1

2

1. Nutzpflanzen werden oft durch Samen vermehrt.
2. Setzlinge werden zum weiteren Gedeihen ins Beet versetzt.

Kopie der alten. Manche Pflanzen entwickeln waagerecht über den Boden Tochterpflanzen (Ausläufer), z. B. Erdbeeren und Minzen, und verbreiten sich dadurch von selbst. Du kannst sie – mit Wurzel! – einfach mit einem Messer von der Mutterpflanze trennen und in dein gewünschtes Beet verpflanzen.
Verholzende Pflanzen wie Lavendel, Rosmarin und Salbei lassen sich durch Stecklinge vermehren. Hierbei werden Triebspitzen im Frühjahr mit einem Messer von der Mutterpflanze abgeschnitten und in ein Töpfchen mit frischer Erde gesteckt. Stauden und Küchenkräuter, die Polster bilden oder in Horsten wachsen, werden gerne durch Teilung vermehrt. Dies dient auch als Verjüngungskur bei älteren Stauden wie Pfingstrose, Taglilie und Storchschnabel. Die Pflanzen werden einfach mit der Hand oder durch einen Spatenstich geteilt und neu in ein Beet eingepflanzt.

3

PFLANZEN, DIE SICH FAST VON ALLEINE VERBREITEN

Federgras

Akelei

Schnittlauch

Purpur-Witwenblume

Klatschmohn

Kümmel

Melisse

Ringelblume

Stockrose

Veilchen

Ysop

3. Die Akelei vermehrt sich selbständig durch Samen.

4. Dank Teilung werden Stauden verjüngt und vermehrt.

4

Chili sollte wegen ihrer Schärfe nur mit Handschuhen vermehrt werden.

Die geernteten Samen kannst du im Frühjahr aussäen.

SAMEN SELBST ERNTEN

Die preiswerteste Vermehrungsmethode, um sehr viele Pflanzen auf einmal zu bekommen, ist die Aussaat. Obwohl Samentütchen nicht teuer sind, macht es großen Spaß, den eigenen Pflanzen Samen abzunehmen. Ein-, Zweijährige und Stauden wie Bechermalve, Kugeldistel und Sterndolde können durch Samen vermehrt werden. Aber auch von vielen Gemüsen wie Erbsen, Bohnen, Paprika/Chili, Tomaten kannst du einfach selbst Samen gewinnen. Der Samen von Chili ist schon reif, wenn wir ihre Früchte ernten.

- Bei den Fruchtgemüsen musst du die Samen immer aus der reifen Frucht trennen und an einem warmen Platz ohne Zugluft gut trocknen. Solange die einzelnen Samen sich noch biegen lassen, sind sie noch nicht trocken genug. Verfärbte Samen kannst du aussortieren. Wähle für die Weitervermehrung immer die besten Früchte an der Pflanze. Die Samen kannst du im kommenden Frühjahr aussäen. Die meisten Samen sind etwa zwei bis drei Jahre lang keimfähig.
- Nach etwa zwei Wochen füllst du die Samen in eine Papiertüte. Diese kannst du schnell und einfach selbst falten. Dank des Papiers kann die verbleibende Restfeuchtigkeit noch austreten. Alternativ kann der Samen auch luftdicht verpackt werden. Gebe dann aber ein paar Reiskörner dazu. Das hält die Feuchtigkeit niedrig. Vergiss nicht, die Papiertüte/das Gefäß mit Namen und Datum zu versehen.

SAMEN VON BLÜTEN ERNTEN

In 4 Schritten

1. Fruchtstand gut ausreifen lassen: Einjährige Blumen bilden im ersten Jahr den Fruchtstand, zweijährige Blumen und Gemüse im zweiten Jahr. Dazu darfst du aber nicht alle Blüten abschneiden bzw. musst warten, bis sie gebildet werden. Lass den Fruchtstand gut ausreifen, damit die Samen auch richtig reif sind.

2. Abernten: Pflücke bzw. ernte nur reife Samenstände von der Pflanze. Sie haben sich meist schon braun verfärbt und haben eine feste, dickwandige Hülle. Löse die Samen von der umgebenden Schutzhülle und lasse sie an einem warmen Ort gut nachtrocknen. Bereits von einer gesunden Pflanze kann man schon richtig viele Samen für den Weiteranbau ernten.

3. Lagern: Nur richtig trockenes Saatgut darf aufbewahrt werden, sonst besteht Schimmelgefahr. Und natürlich an einem trockenen Ort mit Temperaturen um die 10° C. Feuchte Orte wie Keller sind nicht geeignet.

4. Keimprobe: Damit du weißt, ob dein Saatgut auch nach einigen Jahren noch gut keimfähig ist, kannst du eine Keimprobe machen. So sparst du dir den Aufwand, es erst bei der Aussaat im Beet oder auf der Fensterbank herauszufinden. Gebe dazu einige Samen in einer Schale auf ein feuchtes Küchentuch und warte etwa eine Woche ab. Wenn mindestens die Hälfte der Samen aufgekeimt ist, haben sie den Testlauf bestanden.

Pflanzen gut mischen

Mischkulturen sind das Erbe alter Bauerngärten und bis heute unverzichtbar in unserem Nutzgarten. So bleiben Pflanzen gesund und reiche Ernten sind garantiert.

1

Egal, ob im Nutz- oder Zierpflanzenbereich: Wer gerne gesunde Pflanzen im Garten haben möchte, sollte Monokulturen vermeiden. Dies bedeutet, dass bei Monokulturen besonders viele gleiche Pflanzen zusammen auf einem Beet stehen. Schädlinge können sich in solchen Kulturen schnell ausbreiten. Wenn du die Pflanzen aber mischst, dann werden die ungebetenen Gäste irritiert. Die unterschiedlichen Gerüche verringern ihr Interesse. Übrigens trifft das Gleiche auf Pflanzenkrankheiten zu. Von der Mischkultur profitiert auch der Boden, denn er bleibt fruchtbar. Die Pflanzen im Mischkulturgarten werden so zusammengestellt, dass die Nachbarschaft sich positiv aufeinander auswirkt und negative Partnerschaften vermieden werden, denn manche Pflanzen haben Ausscheidungen, die andere nicht vertragen. Der Erfolgsgarant eines ertragreichen Mischkulturgartens ist eine gute Planung.

TIPP

Überschaubare Tabellen wie auf Seite 42/43 dargestellt, erleichtern die Planung von Mischkulturbeeten enorm.

MISCHKULTUR-BEET ANLEGEN

Das Herzstück eines Mischkulturbeetes ist eine Reihenkultur. Das heißt, du unterteilst dein Beet in 20–25 cm breite Reihen. Diese Reihen belegst du in jedem Gartenjahr wieder neu. Dabei rückst du im neuen Jahr einfach eine Reihe weiter. So ermöglichst du der Pflanze die optimale Nährstoffzufuhr,

1. Die geeignetste Anordnung von Nutzpflanzen ist die Reihe.

2. Möhren und Zwiebeln sind gute Nachbarn im Beet.

auch dank des durch Kompost gut gedüngten Bodens.
Der Start des neuen Gartenjahres ist der Erstfrühling (März/April). Dieser wird durch die blühenden Forsythien eingeläutet. Ab jetzt kannst du anfangen den Boden zu bearbeiten. In jeder zweiten Reihe bringst du einen Gründünger wie Spinat, Klee, Phacelia oder Ringelblume aus. Dabei solltest du beachten, dass mindestens jede fünfte Reihe begehbar ist. Beachte dabei, dass Spinatreihen kurzzeitig betreten werden können und Kleewege eine besonders komfortable Lösung sind.
Alle 20–25 cm befindet sich neben einer Düngerreihe eine sogenannte Erntereihe. Diese Reihen werden durch den erzeugten Flächenkompost der Düngerreihe genährt. In den Erntereihen befindet sich das heranwachsende Gemüse. Im Frühling sind das Radieschen, Karotten, Zwiebeln, Kohlrabi, Fenchel, Mangold, Rucola, Pflück- und Kopfsalate. Nach den Eisheiligen im Frühsommer können Tomaten, Auberginen, Paprika, Peperoni, Kürbisse, Gurken, Zucchini, Sellerie und Bohnen ins Beet gepflanzt werden.
Im Herbst wird rege geerntet. Auf diese leeren Reihen kannst du eine Gründüngung wie Winterwicke, Winterroggen oder Feldsalat aussäen. Doch du kannst auch im Winter noch ernten, denn das Wintergemüse wird als Nachkultur genutzt.

MISCHKULTUR – GUTE PARTNER, SCHLECHTE PARTNER

PFLANZE	GUTE NACHBARN	SCHLECHTE NACHBARN	GUTE VORFRUCHT	GUTE NACHFRUCHT
Brokkoli	Bohne, Dill, Rote Bete, Salate, Mangold, Lauch, Sellerie, Rettich, Radieschen	Kohlgewächse	Spinat, Erbse, Radieschen, Sellerie	Salate, Spinat
Buschbohne	Bohnenkraut, Dill, Erdbeere, Gurke, Möhre, Kohlgewächse, Salate, Mais, Mangold, Radieschen, Rote Bete, Rettich, Sellerie, Zucchini	Erbse, Stangenbohne, Zwiebel	Möhre, Kohlrabi, Radieschen, Salate	Kohlgewächse, Salate
Erdbeere	Bohne, Salate, Erbse, Mangold, Möhre, Sellerie, Spinat, Tomate, Zwiebel	Kohlgewächse, Gurke	Erdbeere	–
Erbse	Gurke, Kohlgewächse, Radieschen, Rettich, Spinat, Sellerie, Salate, Kohlrabi, Zucchini	Bohne, Kartoffel, Paprika, Tomate, Zwiebel	Salate, Kohlrabi, Radieschen	Kohlgewächse, Salate
Fenchel	Erbse, Gurke, Salate, Sellerie	Bohne, Kohlrabi, Tomate	Erbse, Radieschen, Salate	Gurke, Salate, Kohlgewächse
Gurke	Basilikum, Bohne, Dill, Fenchel, Sellerie, Kohlgewächse, Kopfsalat, Zwiebel, Erbse, Rote Bete, Spargel, Zwiebel	Kartoffel, Kürbis, Radieschen, Rettich, Zucchini	Kohlrabi, Bohne, Hülsenfrüchte, Lauch, Sellerie	Salate, Spinat, Senf
Karotte/Möhre	Bohne, Erbse, Dill, Kohlgewächse, Kohlrabi, Lauch, Mangold, Radieschen, Salate, Sellerie, Tomate	Möhre, Rote Bete, Minze	Bohne, Erbse, Kohlgewächse, Kohlrabi, Lauch	Bohne, Salate, Sellerie, Kohlgewächse, Kohlrabi
Kartoffel	Bohne, Dill, Kohlgewächse, Kohlrabi, Mais, Fenchel, Speiserübe	Gurke, Kürbis, Paprika, Rote Bete, Tomate, Zwiebel	Erbse, Bohne, Radieschen, Spinat, Hülsenfrüchte	Fenchel, Kohlgewächse, Bohne, Spinat, Rosenkohl

PFLANZE	GUTE NACHBARN	SCHLECHTE NACHBARN	GUTE VORFRUCHT	GUTE NACHFRUCHT
Kohlgewächse wie Wirsing, Rosenkohl, Weiß- und Blaukraut	Bohne, Borretsch, Dill, Erbse, Möhre, Sellerie, Tomate, Mangold, Gurke, Radieschen, Salate	Knoblauch, andere Kohlgewächse, Zwiebel	Hülsenfrüchte, Radieschen, Sellerie, Möhre, Salate	Salate, Spinat
Kohlrabi	Bohne, Erbse, Kartoffel, Lauch, Radieschen, Rote Bete, Salate, Sellerie, Tomate	Fenchel, Kohlgewächse	Radieschen, Kopfsalat, Spinat	Rettich, Rote Bete, Salate
Lauch	Erdbeere, Knoblauch, Möhre, Sellerie, Tomate, Salate	Bohne, Erbse, Zwiebel	Kohlgewächse, Kohlrabi, Salate	Möhre, Kohlgewächse
Mangold	Bohne, Kohlgewächse, Kohlrabi, Möhre, Radieschen, Rettich, Salate, Zwiebel	Spinat, Rote Bete	Hülsenfrüchte, Radieschen, Salate	Salate
Radieschen und Rettich	Bohne, Erdbeere, Möhre, Tomate, Kohlgewächse, Kohlrabi	Gurke, Kürbis, Zucchini	Erbse, Bohne, Senf	Salate, Möhre, Kohlgewächse, Fenchel, Sellerie
Rote Bete	Bohne, Bohnenkraut, Dill, Gurke, Kohlgewächse, Kohlrabi, Salate, Zwiebel	Möhre, Kartoffel, Lauch, Mangold	Kohlrabi, Kohlgewächse, Radieschen, Salate, Sellerie	Bohne, Kohlgewächse, Kohlrabi, Salate, Senf
Salate wie Endivie, Kopf- und Pflücksalat	Bohne, Borretsch, Erbse, Gurke, Möhre, Kohlrabi, Radieschen, Tomate	Kresse, Kohlarten, Petersilie, Sellerie	Kohlrabi, Lauch, Radieschen, Zwiebel	Salate
Sellerie	Bohne, Erbse, Gurke, Möhre, Kohlrabi, Lauch, Tomate	Petersilie, Sellerie	Hülsenfrüchte, Spinat, Zwiebel, Lauch	Salate, Senf
Tomate	Bohne, Möhre, Kohlgewächse, Lauch, Radieschen, Salate, Sellerie, Zwiebel	Erbse, Fenchel, Gurke, Kartoffel	Kohlrabi, Salate, Senf, Spinat	Hülsenfrüchte, Salate, Senf, Spinat
Zucchini	Basilikum, Bohne, Erbse, Tomate, Zwiebel	Gurke, Dill, Kartoffel	Hülsenfrüchte, Kohlrabi, Radieschen, Salate	Bohne, Salate, Senf, Spinat

PFLANZENWAHL – GUT & GÜNSTIG

PFLEGELEICHT & SCHÖN

Ob ein- oder mehrjährig, auf den folgenden Seiten gibt es eine tolle und pflegeleichte Blumenauswahl für deinen Garten.

MIT BLÜTEN FÜR DAS GANZE JAHR!

Blumen, Stauden und Gräser

Viele dieser Pflanzen sind wahre Insektenmagnete und sollten in keinem Garten fehlen. Bei der Auswahl in diesem Buch habe ich mich auf wahre Dauerblüher fokussiert, die ich selbst gerne in Kundengärten und Beetprojekten verwende.

Blumen, Stauden und Gräser sind erschwingliche Pflanzen, die jeden Garten aufpeppen. Blumen sind einjährig und somit nicht winterhart. Die Samen können aber geerntet und im Frühjahr direkt ins Freiland gesät werden. Im Gegensatz dazu sind Stauden und Gräser mehrjährig und somit meist winterhart. Diese kannst du im Topf kaufen und optimal im Frühjahr oder Herbst pflanzen. Sie treiben im Frühjahr aus der Wurzel aus und viele sterben im Winter oberirdisch ab.
Sie sind meist sehr pflegeleicht und werden mindestens drei bis fünf Jahre alt. Stauden wie Pfingst- und Schneerosen werden deutlich älter. Als großer Zwiebelpflanzen-Fan zeige ich dir in diesem Kapitel zudem Pflanzen, die von ganz alleine verwildern.
Als Landschaftsarchitektin verwende ich blühende Pflanzen am liebsten, denn sie leisten einen wichtigen Beitrag zur Biodiversität und bringen unsere Blumenbeete und Gärten zum Blühen. Ungefüllte Blüten sind dabei wichtige Nahrungsquellen für Insekten und Schmetterlinge. Gräser verleihen Gärten einen naturalistischen Stil, ich teile mit dir auf den folgenden Seiten meine drei Lieblingsarten.
Gerade Dauerblüher wie Storchschnabel, Schafgarbe und Sonnenhut sollten in keinem Garten fehlen. Bodendecker wie Immergrün, Kissen-Primel und Kaukasus-Vergissmeinnicht halten den Garten unkrautfrei und bringen Blüten in halbschattige Lagen. Auch verwende ich gerne Gräser und Schneerosen für einen tollen Winteraspekt.

PFLANZENSTECKBRIEFE

Die Steckbriefe geben dir Auskunft über Wuchs, Höhe, Blütenfarbe und -zeitpunkt, zudem über den Standort sowie Anbau und Sorte. Die Symbole ermöglichen dir einen schnellen Überblick über Blütezeit, Preis, Biodiversität, Herkunft und Nährstoffbedarf.

TIPP

Blumen kosten wenig in der Anschaffung, da sie aus Samen gewonnen werden. Dafür sind sie aber viel kurzlebiger als Stauden und müssen normalerweise jährlich wieder ins Beet gesät werden.

BORRETSCH

— *Borago officinalis*

WUCHS Der Borretsch ist eine einjährige Pflanze mit würzigem Geschmack. Er wächst aufrecht-buschig und wird dabei 40–60 cm hoch. Er ist nicht winterhart. Das hübsche Kraut blüht blau von Mai bis September.

STANDORT Er gedeiht an sonnigen bis halbschattigen Orten mit sandigen bis tonigen Böden.

ANBAU Borretsch wird am einfachsten im April bis Juni direkt ins Freiland gesät. Auch die Voranzucht ist möglich. Er ist sehr wuchsfreudig.

GARTEN-FUCHSSCHWANZ

— *Amaranthus caudatus*

WUCHS Diese einjährige Pflanze besitzt auffallend purpurrote Blütenstände. Die exotisch angehauchte Blüte erscheint von Juni bis Oktober und hängt. Die Pflanze wächst aufrecht und wird 60–120 cm hoch.

STANDORT Er wächst an sonnigen bis halbschattigen Stellen mit frisch bis feuchten Böden.

ANBAU Im Herbst werden die Blütenstände geerntet, damit gewinnst du neues Saatgut für die kommende Saison. Ab Mai kannst du den Fuchsschwanz direkt ins Beet aussäen.

KORNBLUME

— *Centaurea cyanus*

WUCHS Diese schlanke Sommerblume wird zwischen 50–70 cm hoch. Sie ist schnellwachsend und einjährig. Sie blüht blau von Mai bis September. Die pflegeleichte Blume wird von Wildbienen geliebt.

STANDORT Sie gedeiht prächtig an sonnigen Plätzen mit sandigen bis lehmigen Gartenböden.

ANBAU Die Kornblume wird durch Aussaat vermehrt. Ernte dafür nach der Blüte die Samen und lass sie trocknen. Zwischen März bis Juni können die Samen direkt ins Beet gesät werden.

RINGELBLUME

— *Calendula officinalis*

WUCHS Diese Blume sorgt mit ihren gelb-orangenen Blüten für Farbe im Beet. Ihre Blütezeit ist von Mai bis Oktober. Die beliebte Heilpflanze erreicht eine Höhe von 30–40 cm, sie ist einjährig und wächst aufrecht-buschig.

STANDORT Sie gedeiht an sonnigen bis absonnigen Stellen mit sandig bis lehmigen Böden.

ANBAU Ab März kannst du die Samen direkt ins Freiland säen. Die Blume vermehrt sich danach durch Selbstaussaat weiter, ohne lästig zu werden.

SCHMUCKKÖRBCHEN

— *Cosmos bipinnatus*

WUCHS Diese Blume besitzt reichlich verzweigtes Grün und wächst aufrecht, dabei erreicht sie eine stolze Höhe von 100–120 cm. Die Blüte zeigt sich von Juli bis September. Sie ist tellerförmig, weiß bis dunkelrosa und besitzt eine gelbe Mitte.

STANDORT Das anspruchslose Schmuckkörbchen benötigt sonnige Plätze und braucht einen durchlässigen, humosen Boden.

ANBAU Im Mai kannst du die Samen direkt im Beet aussäen, du kannst sie aber auch auf der Fensterbank vorziehen.

SONNENBLUME

— *Helianthus annuus*

WUCHS Bei dieser Pflanze sitzen große Blüten auf hohen Stängeln, die sortenabhängig bis zu 2 m hoch werden. Die sonnig-gelben Blüten erscheinen von Juni bis Oktober, die dank ihrer Kerne als Vogelfutter oder als Nutzpflanze dienen.

STANDORT Ein sonniger Standort ist empfehlenswert. Sie wächst auf normalem Gartenboden.

ANBAU Die einjährige Sonnenblume wird ab April direkt an Ort und Stelle ausgesät, sie kann aber auch ab März auf der Fensterbank vorgezogen werden.

GROSSE STERNDOLDE

— *Astrantia major*

WUCHS Diese Staude wächst aufrecht und wird 50–70 cm hoch. Ihre weißlichen bis rosa Blüten sind sehenswert und erscheinen von Juni bis Juli. Bei einem Rückschnitt nach der Blüte erscheint im September eine Nachblüte.

STANDORT Die Sterndolde mag es sonnig bis halbschattig und bevorzugt einen feuchten, kalkhaltigen Lehmboden.

ANBAU Sie lässt sich durch Aussaat oder Teilung vermehren. Ich nutze folgende drei Sorten: 'Roma', 'Shaggy' und 'Moulin Rouge'

HERBST-ANEMONE

— *Anemone-Japonica*-Hybride 'Prinz Heinrich'

WUCHS Diese Staude ist im Herbst ein echter Hingucker, und ich verwende sie sehr oft in meinen Blumenbeeten. Sie blüht pink von September bis Oktober. Die Anemone wächst buschig und wird 80 cm hoch.

STANDORT Die optimale Lage ist sonnig bis halbschattig. Sie mag normale Gartenböden.

ANBAU Herbst-Anemonen kannst du durch Wurzelschnittlinge oder Samen vermehren. Ich nutze auch supergerne die rosa Sorte 'Rosenschale' und die weiße 'Honorine Jobert'.

HOHE FETTHENNE

— *Sedum-Telephium*-Hybride 'Herbstfreude'

WUCHS Die pflegeleichte Blütenstaude wächst horstartig, aufrecht und buschig. Die braunrote Blüte erscheint von September bis Oktober. Die robuste Staude wird zwischen 50–70 cm hoch.

STANDORT Die Fetthenne mag sonnige Plätze und braucht einen kiesig bis lehmigen Gartenboden.

ANBAU Das Sedum kannst du durch Stecklinge oder durch Teilung der Stauden im Frühjahr vermehren. Weitere tolle Sorten sind 'Matrona' und 'Karfunkelstein'.

KAUKASUS-VERGISSMEINNICHT

— *Brunnera macrophylla* 'Jack Frost'    

WUCHS Das Besondere an dieser Staude ist die silbrig-geäderte Blattoberfläche und dass sie sehr winterhart ist. Sie wird etwa 30–40 cm hoch und wächst kompakt buschig. Die zierlichen Blüten erscheinen in Hellblau von April bis Juni.

STANDORT Es wächst im Halbschatten sowie Schatten und mag lehmigen Gartenboden.

ANBAU Das Kaukasus-Vergissmeinnicht kann durch Aussaat und Teilung vermehrt werden. Weitere tolle Sorten sind 'Betty Bowring' und 'Silver Heart'.

KISSEN-PRIMEL

— *Primula vulgaris*

WUCHS Diese Schlüsselblume ist stängellos. Die schwefelgelbe Schönheit wird etwa 15 cm hoch. Sie blüht bereits früh im Jahr von März bis Mai.

STANDORT Sie gedeiht an absonnigen bis halbschattigen Orten und bevorzugt frisch bis mäßig feuchte Böden.

ANBAU Im Frühling gibt es in den meisten Blumenläden und Gärtnereien farbige Primeln (Hybriden) zu kaufen. Diese dürfen gerne in den Garten gepflanzt werden. Primeln können am einfachsten durch Teilung des Rhizoms vermehrt werden.

KLEINES IMMERGRÜN

— *Vinca minor*

WUCHS Diese blaublühende Pflanze zählt zu den Halbsträuchern, auch wenn sie nur 10–15 cm hoch wird. Dafür ist sie ein idealer, heimischer Bodendecker und blüht wertvoll für Mensch und Insekten im Frühling von April bis Mai.

STANDORT Ich verwende es für halbschattige bis schattige Plätze auf normalen Gartenböden.

ANBAU Das Immergrün lässt sich durch Teilung und Stecklinge vermehren. Die beiden Sorten 'Atropurpurea' und 'Gertrude Jekyll' verwende ich gerne.

PURPURGLÖCKCHEN

— *Heuchera* 'Silver Gumdrop'

WUCHS Dieses Purpurglöckchen wächst kompakt und polsterartig mit filigranen roten Blütenrispen. Es blüht von Juli bis August und erreicht eine Höhe bis 50 cm. Das Blattwerk ist wintergrün und attraktiv-silbrig mit dunkler Unterseite.

STANDORT Es mag halbschattige Plätze mit frischem Boden.

ANBAU Es lässt sich im Frühling einfach durch Kopfstecklinge und im Sommer und Herbst durch Teilung vermehren. Aus Samen kannst du 'Palace Purple' heranziehen.

PURPUR-SONNENHUT

— *Echinacea purpurea*

WUCHS Seine attraktiven purpurroten Blüten sind im Sommer wahre Schmetterlingsmagneten. Der Sonnenhut besitzt einen aufrechten, buschigen Wuchs und erreicht eine Höhe bis 100 cm.

STANDORT Er bevorzugt die Sonne und wächst auf kiesig bis lehmigen Böden.

ANBAU Diese Sonnenhutart kann auch durch Aussaat weiterverbreitet werden. Die Sorten lassen sich am besten durch Teilung im Frühling vermehren. Ich verwende gerne die Sorten 'Alba' und 'Prairie Splendor'.

SCHAFGARBE

— *Achillea-Millefolium*-Hybride 'Lachsschönheit'

WUCHS Diese Staude besitzt aufrechte Blütenstiele und sehr feines Laub. Ihre orangen Blütendolden schmücken den Garten von Juni bis August. Sie wird etwa 60 cm hoch und besitzt einen angenehmen Duft.

STANDORT Die Schafgarbe liebt die Sonne und mag trockene Böden.

ANBAU Schafgarben können durch Teilung und über Aussaat vermehrt werden. Ich verwende auch gerne die rote Sorte 'Paprika' und die gelbe 'Desert Eve Light Yellow'.

SCHNEEROSE

— *Helleborus niger*

WUCHS Die Pflanze wird wegen ihrer Blütezeit von Dezember bis März auch Christrose genannt. Die Blüten sind offen, schalenförmig und weiß. Sie erreicht Höhen zwischen 15–25 cm. Achtung, Christrosen sind stark giftig.

STANDORT Die Schneerose mag halbschattige bis schattige Orte und bevorzugt eine lehmige, humusreiche Bodenart.

ANBAU Schneerosen lassen sich am besten durch Aussaat vermehren. Die Sorte 'Praecox' ist ein echter Dauerblüher.

SOMMER-PHLOX

— *Phlox paniculata* 'Franz Schubert'

WUCHS Der Sommer-Phlox wächst buschig mit straff aufrechten Horsten. Er wirkt edel und wird bis zu 100 cm hoch. Er blüht im Sommer hellviolett und seine großen Rispen duften herrlich.

STANDORT Er bevorzugt Sonne bis Halbschatten sowie frische und feuchte Gartenböden.

ANBAU Der Sommer-Phlox lässt sich im Frühjahr und Sommer durch Teilung und Kopfstecklinge vermehren. Ich verwende auch gerne weiße Sorten wie 'David' und pinkfarbene wie 'Bright Eyes'.

STORCHSCHNABEL

— *Geranium*-Hybride 'Rozanne'

WUCHS Die ca. 40 cm hohe Staude verwende ich am meisten in meinen Kundenbeeten, denn sie ist ein wahrer Dauerblüher und nicht aufwendig in der Pflege. Die extrem lange Blütezeit reicht von Mai bis November.

STANDORT Dieser Storchschnabel bevorzugt sonnige bis absonnige Orte und gedeiht auf normalen Gartenböden.

ANBAU Die Sorte lässt sich durch Stecklinge im Frühjahr und durch Teilung vermehren. *Geranium sanguineum* 'Tiny Monster' ist ein pinkfarbener Dauerblüher.

BLAU-SCHWINGEL

— *Festuca glauca*

WUCHS Dieser Schwingel ist ein echter Trockenheitskünstler und besitzt filigrane blaugefärbte Horste. Die Blütezeit erstreckt sich von Mai bis Juli. Das pflegeleichte Gras erreicht eine Höhe von 40 cm und ist immergrün.

STANDORT Er bevorzugt sonnige Standorte und trockene Gartenböden.

ANBAU Das Gras kann im Frühjahr durch Teilung vermehrt werden. Eine Aussaat aus eigenem Samen ist ebenfalls leicht möglich, es neigt auch zur Selbstaussaat. Weitere bekannte Vertreter sind der Bärenfell- und der Atlas-Schwingel.

FEDERGRAS

— *Stipa tenuissima*

WUCHS Das Ziergras wächst aufrecht, schlank und horstbildend. Es ist wintergrün und wird 30–50 cm hoch. Die silbrigen Blütenrispen erscheinen im Sommer und schwingen im Wind.

STANDORT Das Gras gedeiht am besten in der Sonne auf durchlässigen leichten Böden. Leider ist es empfindlich bei Nässe.

ANBAU Die Vermehrung erfolgt am besten durch Aussaat von eigenem Saatgut und nicht, wie üblich bei Gräsern, durch Teilung. Es ist eher kurzlebig, versamt sich jedoch reichlich.

ROTBRAUNE RUTENHIRSE

— *Panicum virgatum* 'Rehbraun'

WUCHS Das Gras wächst aufrecht und buschig. Es wird zwischen 60 und 120 cm hoch. Es blüht ab August mit filigranen, braunen Blütenähren. Zu der Zeit verfärben sich die Laubspitzen kupferrot.

STANDORT Die Rutenhirse liebt die Sonne und frische Gartenböden.

ANBAU Durch Teilung kann die Sorte vermehrt werden, die Wildart jedoch nur durch Aussaat. Es gibt auch eine blaue Sorte 'Dallas Blues' und eine dunkelrote 'Shenandoah'.

BLUMENZWIEBELN, DIE SICH VERWILDERN

SPANISCHES HASENGLÖCKCHEN

Hyacinthoides hispanica

Die blau blühende Waldhyazinthe breitet sich schnell aus. Sie mag es halbschattig bis schattig. Es gibt auch weiße und rosafarbene Sorten, sie blühen von April bis Juni. Die Zwiebelpflanze wird 30–40 cm hoch.

SIBIRISCHER BLAUSTERN

Scilla siberica

Die Zwiebelpflanze blüht leuchtend blau von März bis April. Sie liebt einen lehmigen Gartenboden und sonnige Plätze, verträgt aber auch Schatten. Wenn es dem Frühblüher am Standort gefällt, dann ist er besonders wüchsig und verwildert schnell. Wie die meisten wilden Zwiebeln ist er bienenfreundlich.

KUGELKÖPFIGER LAUCH

Allium sphaerocephalon

Auch Zierlaucharten versamen sich reichlich. Ein besonders schönes Exemplar ist dieser robuste Lauch. Er blüht purpurrot den ganzen Sommer durch und schmückt den Garten mit seinen eiförmigen Dolden.

Das Verwildern von Blumenzwiebeln funktioniert mit Wildarten. Dadurch kannst du deinen Garten in ein Blütenmeer verwandeln. Damit das gelingt, solltest du eine große Anzahl an Zwiebeln ausbringen.

BUSCHWINDRÖSCHEN

Anemone nemorosa

Dieser kleine Frühlingsbote zeigt seine weißen Blütenteller von Februar bis März. Als Waldpflanze bevorzugt er halbschattige Plätze mit sandigen bis lehmigen Gartenböden. Die heimische Wildblume zieht nach der Blüte ein und kann super mit spät blühenden Stauden wie Funkien kombiniert werden. Das Buschwindröschen gibt es in unterschiedlichen Sorten.

ELFEN-KROKUS

Crocus tommasinianus

Dieser Krokus bildet einen leuchtend weißvioletten Blütenteppich von Februar bis März. Er mag einen sonnigen bis halbschattigen Ort und bevorzugt trockene bis normale Böden. Er verträgt auch kühle, schattige Lagen.

VIELSEITIG & HILFREICH

Bäume und Sträucher sind beliebte Schattenspender, viele Vertreter sind immergrün, haben zierende Blüten und Früchte.

ATTRAKTIV DAS JAHR!

Bäume und Sträucher

Gehölze bilden das Rückgrat eines Gartens. Gerade Bäume schaffen es, die Luft zu säubern und das Klima zu kühlen. Auch bilden Bäume und Sträucher eine wichtige Lebensgrundlage für Tiere, denn sie bieten Nektar, Futter, Nistgelegenheiten, Verstecke und Nestbaumaterial.

Um einen Garten räumlich zu gestalten, sind Gehölze wie Bäume und Sträucher von zentraler Bedeutung. Denn im Gegensatz zu Stauden und Blumen können Gehölze richtig alt werden, beispielsweise werden Linden und Eichenbäume locker mehrere hundert Jahre alt.
Schon im Mittelalter war der Hortus conclusus (geschlossener Garten) ein zentrales Motiv auf Gemälden. Auch heutzutage werden die meisten Gärten immer noch durch Hecken umrandet. Deshalb stelle ich dir in den Pflanzensteckbriefen mehrere Gehölze vor, die du auch als Hecke verwenden kannst.

BÄUME PFLANZEN

Bäume und Sträucher können im Normalfall durch Sämlinge und Stecklinge vermehrt werden. Gehölze sind aber im Gegensatz zu Stauden und Blumen langsam wachsend. Deshalb empfehle ich bei Gartenumgestaltungen die Gehölze von Baumschulen zu beziehen. Heckensträucher können bei knappem Budget auch als wurzelnackte Ware bezogen werden. Die meisten Bäume werden mit Ballen oder im Container verkauft – Ausnahmen sind Obstbäume, die es in der Regel mit Ballen oder wurzelnackt gibt. Bäume mit Ballen bzw. im Container kannst du ganzjährig in frostfreien Boden pflanzen, für wurzelnackte Gehölze bietet sich das Frühjahr oder der Herbst an. Ungeduldigen empfehle ich den Kauf von Bäumen, die mindestens 2 m hoch sind, da man sonst lange auf Schatten warten muss.
Wenn du einen Baum pflanzen möchtest, achte bitte darauf, dass du ein passendes Gefährt benötigst und ihr ihn mindestens zu zweit tragen können solltet. Gerade der Ballen eines Baumes kann schnell sehr schwer werden. Deshalb teste beim Kaufen aus, ob die Größe noch tragbar ist.

TIPPS ZUM EINPFLANZEN

Hebt das Pflanzloch doppelt so groß aus wie der Wurzelballen ist und gebt die vorhandene Erde zurück ins Pflanzloch, vermischt sie aber mit etwas Kompost. Tretet die Erde gut fest und macht einen Gießrand, gebt dem Bäumchen einige Liter Wasser, damit es gut anwächst.

EIBE

— *Taxus baccata*

WUCHS Dieses pflegeleichte Nadelgehölz ist ideal für eine schnittverträgliche und immergrüne Hecke. Die Eibe ist giftig, heimisch und wird 4–7 m hoch. Die roten giftigen Früchte erscheinen ab Juli bis Oktober.

STANDORT Die Eibe kommt mit schwierigen Standorten gut zurecht. Das heißt, sie verträgt Sonne bis Schatten und hat keine Ansprüche an den Boden.

PFLANZUNG Die Gewöhnliche Eibe ist wurzelnackt erhältlich. Sorten wie 'Fastigiata' und 'Hillii' kauft man meist im Container oder mit Ballen.

FELD-AHORN

— *Acer campestre*

WUCHS Der Feld-Ahorn wird im Garten gerne als Hecke gepflanzt. Er würde sich mit seiner Höhe von 5–15 m auch als heimischer Hausbaum eignen. Durch seine Schnittverträglichkeit ist er sehr beliebt als Wind- und Vogelschutzhecke.

STANDORT Er mag es sonnig bis halbschattig, beim Boden ist er anspruchslos.

PFLANZUNG Die Hochstämme sind meist als Topf- oder Wurzelballenware erhältlich, Heckenpflanzen oft auch wurzelnackt.

HAINBUCHE

— *Carpinus betulus*

WUCHS Dieser Kleinbaum ist ein vielseitiges Heckengehölz. Sein Herbstlaub ist goldgelb gefärbt. Er ist sehr schnittverträglich. Ungeschnitten wird er 3–14 m hoch.

STANDORT Auch Hainbuchen bevorzugen sonnige Standorte, vertragen aber auch Schatten. Das heimische Wildgehölz verträgt mäßig trockene bis feuchte Böden.

PFLANZUNG Große Hainbuchen sollten mit Wurzelballen gepflanzt werden. Für Hecken kannst du sie wurzelnackt kaufen.

LIGUSTER

— *Ligustrum vulgare*

WUCHS Der Liguster ist ein pflegeleichter und wintergrüner, bis 3 m hoher Strauch. Diese oft verwendete Heckenpflanze wird von Vögeln wegen der schwarzen Beeren und von Insekten wegen der weißen Blüten im Juni/Juli geliebt.

STANDORT Er ist anspruchslos und bevorzugt sonnige bis halbschattige Plätze.

PFLANZUNG Für eine Ligusterhecke werden etwa drei Pflanzen pro Laufmeter benötigt. Insbesondere für Hecken lohnt es sich, wurzelnackte Ware zu kaufen. Die beliebteste Sorte ist 'Atrovirens'.

ROTBUCHE

— *Fagus sylvatica*

WUCHS Die Buche ist ein imposanter Baum und wird gerne als Hecke in unseren Gärten genutzt. Sie präsentiert sich mit glänzend grünen Blättern, die sich im Herbst gelb-braun verfärben.

STANDORT Sie bevorzugt gut durchlässige, humusreiche Böden und kann sonnig bis schattig stehen.

PFLANZUNG Wurzelnackte Pflanzen erhältst du nur im Zeitraum von September bis März. Eine Buche im Container kannst du ganzjährig pflanzen.

WINTERLINDE

— *Tilia cordata*

WUCHS Lindenbäume sind hitzetolerant und werden über 12 m hoch. Die Winterlinde ist für die Verwendung für hohe und natürliche Hecken gut geeignet. Sie besitzt eine gelbe Herbstfärbung.

STANDORT Sie bevorzugt sonnige bis halbschattige Standorte und einen sandigen bis lehmigen Boden.

PFLANZUNG Wer Linden im Einzelstand setzen möchte, sollte dafür Containerware kaufen, als Hecke kann sie wurzelnackt gepflanzt werden. Die Sommerlinde hat im Unterschied zur Winterlinde größere Blätter.

HYBRID-ZAUBERNUSS

— *Hamamelis* x *intermedia*

WUCHS Zaubernüsse blühen schon sehr früh im Jahr, sie öffnen ihre leuchtend gelben Blüten von Januar bis März. Der Strauch wird 2–4 m hoch. Die Herbstfärbung ist spektakulär.

STANDORT Die Zaubernuss mag keinen schattigen Standort und verträgt keine Trockenheit.

PFLANZUNG Blühsträucher werden mit Wurzelballen gesetzt. Bei der Zaubernuss ist eine Pflanzung im Herbst empfehlenswert. Geeignete Sorten sind 'Arnold Promise', 'Diane' und 'Jelena'.

KLEINSTRAUCHROSE

— *Rosa* 'Schneeflocke'

WUCHS Diese Sorte wird 40–50 cm hoch und gerne als Bodendecker verwendet. Sie hat reinweiße, halbgefüllte, duftende Blüten, die in Büscheln auftreten. Die Blüten sind selbstreinigend (kein Blütenrückschnitt notwendig, keine Hagebutten) und zeigen sich von Mai bis Oktober.

STANDORT Sie mag sonnige bis halbschattige Standorte und leicht trockene bis feuchte Böden.

PFLANZUNG Rosen können im Container oder wurzelnackt gepflanzt werden. Gängige Kleinstrauchrosen sind auch 'Heidefeuer' und 'Sommerwind'.

RISPEN-HORTENSIE

— *Hydrangea paniculata* 'Pinky Winky'

WUCHS Der aufrechte Strauch wird etwa 1,50 m hoch. Das sommergrüne Gehölz blüht zweifarbig von Juni bis September, anfangs sind die kegelförmigen Blüten weiß und verfärben sich dann rötlich.

STANDORT Sie bevorzugt einen sonnigen bis halbschattigen Ort und mag einen sandigen bis lehmigen Boden.

PFLANZUNG Rispen-Hortensien werden normalerweise im Topf gekauft und können dann ganzjährig gepflanzt werden. Bekannte Sorten sind 'Grandiflora' und 'Limelight'.

BESONDERE WILDGEHÖLZE FÜR DEN GARTEN

HUNDSROSE

Rosa canina

Diese Wildrose ist eine Bereicherung für jeden Naturgarten. Sie wird 2–3 m hoch. Zwischen Mai und Juli erscheinen rosa Blüten, ab September hängt die Rose voller roter Hagebutten. Sie mag sonnige bis halbschattige Orte und sandige bis lehmige Böden.

PFAFFENHÜTCHEN

Euonymus europaeus

Dieser bienen- und vogelfreundliche Strauch wird etwa 3 m hoch. Die nektarreichen Blüten öffnen sich zwischen Mai und Juni. Der Strauch stellt keine besonderen Ansprüche an den Boden und Standort. Die wunderschöne Frucht erscheint im August, ist knallrot aber giftig (wie der ganze Strauch!).

Heimische Wildgehölze sind eine wahre Bereicherung für den Garten: Die Pflanzen sind robust und bieten Wildtieren wie Vögeln und Insekten Nahrung und wertvollen Lebensraum.

KORNELKIRSCHE

Cornus mas

Die gelbe Blüte ziert den Garten im Frühling. Die Kirsche ist rot und essbar, sie wird auch von Vögeln geliebt. Der 5 m hohe Strauch eignet sich für die Einzelstellung sowie als Schnitt- oder Wildhecke. Der Strauch verträgt sonnige bis schattige Standorte.

EINGRIFFELIGER WEISSDORN

Crataegus monogyna

Dieser weiß blühende Großstrauch besitzt einen hohen ökologischen Wert. Seine Blütezeit ist von Mai bis Juni. Ab September bildet er dunkelrote Früchte. Er wird etwa 5 m hoch und ist stadtklima- und winterfest.

EBERESCHE

Sorbus aucuparia

Dieses Vogelnährgehölz ist als Strauch und Baum erhältlich. Die Eberesche blüht weiß von Mai bis Juni, zum bunten Herbstlaub gesellen sich leuchtend rote Beeren (für den Menschen roh ungenießbar!). Sie mag eher sonnige Standorte.

NOCH MEHR PFLANZEN

Berberitze *(Berberis vulgaris)*
Haselnussstrauch *(Corylus avellana)*
Schlehe *(Prunus spinosa)*
Sanddorn *(Hippophae rhamnoides)*
Schwarzer Holunder *(Sambucus nigra)*

AMBERBAUM

— *Liquidambar styraciflua*

WUCHS Dieser Zierbaum besitzt eine wundervolle Wuchsform und wird etwa 10 m hoch. Im Alter blüht er unscheinbar. Der Baum hat eine atemberaubende Herbstfärbung in Gelb, Rot und Violett.

STANDORT Der äußerst pflegeleichte Baum benötigt einen sonnigen und geschützten Standort. Ideal für ihn sind Sand- oder Lehmböden.

PFLANZUNG Gartenbäume werden nicht wurzelnackt gepflanzt, die ideale Pflanzzeit ist früher Herbst bis Frühjahr.

BLAUE ATLAS-ZEDER

— *Cedrus libani* 'Glauca'

WUCHS Die Atlas-Zeder besitzt einen malerischen Wuchs und eignet sich zur Einzelstellung im Garten. Sie gilt als Hoffnungsbaum des Klimawandels, da sie heiße und trockene Standorte verträgt. Als Nadelgehölz ist sie immergrün, die Nadeln sind zierend silbrig-blau. Die Wuchshöhe beträgt etwa 15 m.

STANDORT Sie bevorzugt es sonnig und liebt sandige bis lehmige Gartenböden.

PFLANZUNG Der Herbst ist der ideale Zeitpunkt, um die Zeder zu pflanzen.

PERSISCHER EISENHOLZBAUM

— *Parrotia persica*

WUCHS Auch der Eisenholzbaum gilt als Klimabaum, der zukunftsfähig ist. Denn er ist frosthart, wärmeliebend und stadtklimafest. Sein Wuchs ist malerisch und er wird etwa 8 m hoch.

STANDORT Der robuste Baum benötigt sonnige bis halbschattige Orte und sandige bis lehmige Böden.

PFLANZUNG Im Container kann er ganzjährig gepflanzt werden. Als Flachwurzler sollte er nicht unterpflanzt werden. Besonders bekannte Sorten sind 'Vanessa' und 'Persian Spire'.

AHORNBLÄTTRIGE PLATANE

— *Platanus* x *hispanica*

WUCHS Die Vorteile dieser Plantane sind ihre lange Lebensdauer, die gute Schnittverträglichkeit, die Herbstfärbung und der schöne Stamm. Sie wird etwa 20 m hoch, die Blüte ist unscheinbar.

STANDORT Der Baum ist unkompliziert. Er steht gerne sonnig bis halbschattig und bevorzugt sandige bis lehmige Böden.

PFLANZUNG Am idealsten ist die Pflanzung im Frühjahr. Es gibt auch noch die Amerikanische und Morgenländische Platane.

SCHNEE-BIRKE

— *Betula utilis* 'Doorenbos'

WUCHS Wegen seiner weißen Rinde ist dieser Baum im Winter ein echter Hingucker, er wird daher auch Weißrindige Himalaya-Birke genannt. Sie wird etwa 18 m hoch und besitzt eine goldgelbe Herbstfärbung. Im Frühling und Sommer ist das Laubkleid wunderschön dunkelgrün.

STANDORT Die Birke bevorzugt Standorte in der vollen Sonne, allenfalls leichter Schatten wird toleriert. Am liebsten mag sie normale Böden.

PFLANZUNG Die Bepflanzung erfolgt wie bei gewöhnlichen Birken und kann ganzjährig geschehen, ideal ist der Herbst.

TULPENBAUM

— *Liriodendron tulipifera*

WUCHS Der Tulpenbaum ist sommergrün, schnittverträglich und schnellwachsend. Er wird etwa 18 m hoch. Nach 15 Jahren schmücken den Baum von Mai bis Juni zauberhafte gelbe Blüten.

STANDORT Er steht gerne sonnig bis halbschattig und benötigt sandige bis lehmige Böden. Auch leicht saurer Boden ist geeignet.

PFLANZUNG Die beste Pflanzzeit ist der Spätherbst bis zum zeitigen Frühjahr. Im März gepflanzte Jungbäume können besonders gut anwachsen.

EINFACH SELBST AUSSÄEN

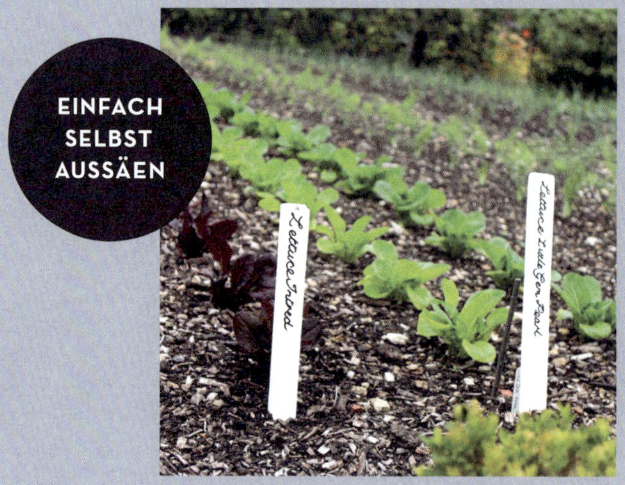

ERNTEREICH & LECKER

Viele Gemüsesorten kann man leicht selbst anbauen. Die Ernte aus dem eigenen Garten ist unvergleichlich und zu jeder Jahreszeit möglich.

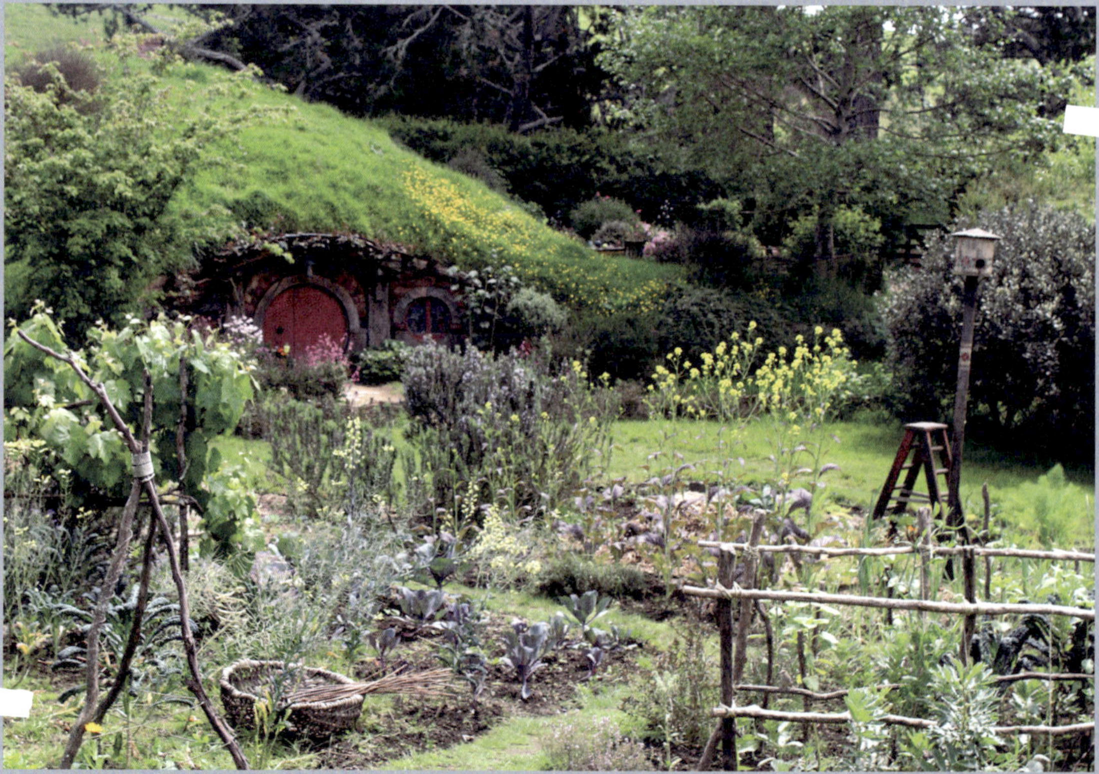

Gemüse

Gemüse darf neben Blumen und Gehölzen in keinem Garten fehlen. Denn es ist der Inbegriff des Gärtnerns und kann schon auf kleinster Fläche angepflanzt und geerntet werden. Zusätzlich zu den bekanntesten Nutzpflanzen werde ich dir auch Mehrjähriges und Wintergemüse näher vorstellen.

Traditionelle Gemüsegärten werden in geraden Reihen und Beeten bepflanzt. Dank einer Durchquerung kann gut geerntet und gepflegt werden. Heutzutage setzt man nicht mehr auf Monokulturen, sondern integriert Nutzpflanzen in Blumenbeete oder arbeitet mit Mischkulturen.
Die Kombination von Gemüse und Blumen zeigt sich als besonders nützlich, denn die Chance einer Bestäubung durch Blumen wird erhöht und ihre Schützlinge vertreiben gewisse Schädlinge, z. B. fängt die Kapuzinerkresse Blattläuse ab. Wer Ringelblumen oder Studentenblumen zwischen Gemüse und Zierpflanzen sät, tötet durch ihre Wurzelausscheidungen schädliche Fadenwürmer im Boden. Auch Kräuter wie Salbei und Rosmarin vertreiben mit ihren ätherischen Ölen beispielsweise den Kohlweißling.

GÜNSTIG GÄRTNERN IM GEMÜSEBEET

Wer beim Gärtnern Geld sparen möchte, sollte seinen Garten mit Gemüsebeeten ausstatten. Das Ernten von eigenem Gemüse spart so manchen Gang in den Supermarkt. Neben dem Fördern von Nützlingen mithilfe von Mischkulturen und Blumen, kannst du Pflanzen selber aussäen und bestenfalls das Saagut sogar selbst ernten. Das spart bares Geld! Wurzelgemüse wie Möhren, Zwiebeln und Rote Bete, aber auch unempfindliche Gemüse wie Bohnen werden direkt ins Beet gesät. Im Gegensatz dazu benötigt Gemüse, das wie Tomaten oder Paprika aus wärmeren Regionen stammt, eine Vorkultur im Haus. Bei Anfängern lohnt es sich, das eine oder andere Gemüse als Jungpflanze zu kaufen – aber auch die Anzucht macht viel Spaß. Da die meisten Hobbygärtner kein Treibhaus haben, würde ich dir empfehlen, deine helle Fensterbank für die Aufzucht zu nutzen. Weitere Spartipps im Nutzgarten sind das Sammeln von wertvollem Regenwasser und Benutzen von Küchenabfällen zum Düngen.

TIPP

Reiche Erträge auf kleinstem Raum bieten Mischkulturen auf Hügelbeeten. Diese bestehen aus mehreren Schichten organischem Material bzw. kompostierbaren Grünabfällen.

AUBERGINE

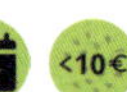

— *Solanum melongena*

WUCHS Die Pflanze wird etwa 60–100 cm hoch. Die längliche Frucht reift im August. Einjährig, Nachtschattengewächs.

STANDORT Warmer, sonniger Platz mit sandig-lehmigem Boden.

ANBAU Sie wächst im Beet oder Kübel. Die optimale Pflanzzeit ist Mitte Mai im Abstand von 60 x 60 cm. Wer gerne ab Januar im Haus vorziehen möchte, benötigt ein wenig Geduld, denn sie lässt sich lange Zeit in der Entwicklung. Sie braucht regelmäßig Dünger und Wasser. Die Sorte 'Black King' ist empfehlenswert.

BUSCHBOHNE

— *Phaseolus vulgaris* var. *nanus*

WUCHS Buschbohnen benötigen keine Rankhilfe, sondern stützen sich gegenseitig im Beet. Sie sind selbstbestäubend und pflegeleicht. Ab Juli erscheinen aromatische Hülsenfrüchte, die frühzeitig und regelmäßig abgeerntet werden. Hülsenfrüchtler.

STANDORT Sie bevorzugen sonnige, warme Lagen.

ANBAU Im Freiland ab Mitte Mai bis Mitte Juli im Abstand von 10 cm in den Reihen und 40 cm zwischen den Reihen aussäen und nach dem Auflaufen mit Erde anhäufeln. Regelmäßig gießen.

MÖHRE, KAROTTE

— *Daucus carota* ssp. *sativus*

WUCHS Es gibt sie in Weiß, Violett, Gelb und Orange, in Länglich und Rund. Blüht im zweiten Standjahr. Doldenblütler.

STANDORT Mag sonnige Lagen und sandige Böden.

ANBAU Für die Sommerernte ab April ins Beet säen, später auf 30 x 5 cm vereinzeln, die Samen brauchen bis zu drei Wochen zum Auflaufen, daher mit Markiersaat wie Radieschen aussäen. Die runde Sorte 'Pariser Markt' braucht nur etwa 60–75 Tage bis zur Ernte. Mit Kulturschutznetzen nach dem Auflaufen vor der Möhrenfliege schützen, regelmäßig gießen.

ZUCCHINI

— *Cucurbita pepo* var. *giromontiina*

WUCHS Die Pflanze ist anspruchslos, wächst sehr schnell und liefert im Sommer ständig viele neue Früchte (an weiblichen Blüten mit langen Stielen!). Sorten in Gelb, Grün, gestreift, rund und länglich. Kürbisgewächs.

STANDORT Sonniger bis halbschattiger, warmer Platz auf humusreichen Böden.

ANBAU Nach den Eisheiligen direkt ins Beet säen, pro Pflanze etwa 1 qm. Oder ab April im Haus vorziehen. Regelmäßig gießen, regelmäßig junge Früchte ernten.

PALMKOHL

— *Brassica oleracea* var. *palmifolia*

WUCHS Seine jungen Blätter schmecken leicht pfeffrig, sie besitzen eine palmwedelartige Form und können ab Spätsommer einzeln von unten nach oben geerntet werden (Herz der Pflanze stehen lassen!). Der zweijährige Palmkohl ist im Gegensatz zum Grünkohl nicht frosthart, er wird zwischen 70 und 100 cm hoch. Kreuzblütler.

STANDORT Sonnige Lagen auf nährstoffreichen Böden.

ANBAU Mitte Mai direkt ins Freiland säen, Abstand von 50 x 50 cm. Regelmäßig gießen und düngen, im Winter mit Vlies gegen Frost schützen.

PAPRIKA

— *Capsicum annuum*

WUCHS Früchte ab August in Grün, Gelb, Orange oder Rot. Die Pflanze wird etwa 80 cm hoch. Nachtschattengewächs.

STANDORT Sonniger, windgeschützter Platz auf nährstoffreichem Boden.

ANBAU Ab Mitte Februar eigenes Saatgut auf der hellen, warmen Fensterbank aussäen. Jungpflanzen an warmen Tagen für einige Stunden im Freien abhärten, nach den Eisheiligen mit Abstand 40 x 60 cm auspflanzen und ggf. mit Stab stützen. Die erste Blüte in der ersten Y-Achse an Pflanzen von großfrüchtigen Sorten entfernen. Regelmäßig gießen und düngen.

PFLÜCKSALAT

— *Lactuca sativa* var. *crispa*

WUCHS Diese Salate bilden keine geschlossenen Köpfe aus, sondern etwa 30 cm hohe Blattrosetten, es gibt diverse Sorten. Korbblütler.

STANDORT Sonniger bis halbschattiger Platz mit normalem Gartenboden.

ANBAU Ab Ende März direkt ins Beet säen, Endabstand 30 x 30 cm. Über einen Zeitraum von sechs Wochen können alle zwei Tage von außen nach innen einzelne Blättchen geerntet werden. Kurze Keimdauer, kann leicht nachgesät werden.

SÜSSKARTOFFEL

— *Ipomea batatas*

WUCHS Berankt ab Juli deckend den Boden. Je nach Sorte orange, weiße oder violette Knollen, die im Herbst mit Absterben des Laubes geerntet werden. Windengewächs.

STANDORT Sonnige, geschützte Lagen mit humusreichem, durchlässigem Boden. Pflegeleicht und robust.

ANBAU Vermehrung durch Triebstecklinge (halbe Knollen auf Zahnstochern in Wasserglas geben, Stecklinge mit etwas Fruchtfleisch abschneiden, in kleine Töpfe pflanzen und ab Juni im Abstand von 50 x 50 cm ins Beet setzen). Regelmäßig gießen und düngen.

TOMATE

— *Lycopersicon esculentum*

WUCHS Buschtomaten müssen im Gegensatz zu Stabtomaten nicht ausgegeizt werden. Die Früchte reifen ab August und können bei einer späten Ernte im Haus nachreifen. Unreife grüne Tomaten sind giftig! Nachtschattengewächs.

STANDORT Sonniger Platz mit Regenschutz und ausreichender Belüftung auf nährstoffreichem Boden.

ANBAU Saatgut ab Ende Februar auf der Fensterbank aussäen. Kein Hybridsaatgut und gegen die Kraut- und Braunfäule widerstandsfähige Sorten, z. B. 'Dorenia'. Ab Mitte Mai mit Stützstab ins Beet setzen, regelmäßig direkt am Stamm gießen und düngen.

EINMAL PFLANZEN, JAHRELANG ERNTEN

MEERRETTICH

Eine altbekannte und winterharte Staude, deren dicke Pfahlwurzeln von Oktober bis Januar bei frostfreiem Boden geerntet werden können. Die Wurzeln entwickeln sich aber nur in feuchtem Boden, dann ist die Pflanze auch sehr ausbreitungsfreudig.

SCHNITT-KNOBLAUCH

Er schmeckt wie Knoblauch, wächst und sieht aber wie Schnittlauch aus. Von Frühling bis Herbst kannst du seine Blätter ernten, sie hinterlassen keinen unangenehmen Geruch nach dem Verzehr! Ausgesät wird ab April bis August direkt ins Beet.

Mehrjährige Gemüsearten bieten über eine lange Zeit hinweg leckere Blätter, Knollen und Wurzeln. Das erleichtert die jährliche Anschaffung und deren Kosten, zudem sind sie pflegeleicht.

KNOLLEN-ZIEST

Die weißen Knöllchen kannst du ab Herbst, wenn das Laub abgestorben ist, den ganzen Winter hindurch bei frostfreiem Boden ernten. Sie schmecken ähnlich wie Schwarzwurzeln. Die Pflanze ist sehr winterhart und anspruchslos. Sie vermehrt sich im Garten selbst durch Ausläufer weiter.

EWIGER KOHL

Dieser Kohl ermöglicht das ganze Jahr über eine Ernte von frischen Blättern. Da der Kohl nur selten blüht, wird er über Stecklinge vermehrt. Er mag sonnige bis halbschattige Standorte mit frischem Boden, ist anspruchslos und winterhart. Er wird etwa 60 cm hoch.

WINTERHECKENZWIEBEL

Robuste Zwiebelpflanze mit hübschen weißen Blütenköpfen im Juli ab dem zweiten Standjahr. Die kräftigen Schlotten (Blätter) kann man fast ganzjährig ernten. Ausgesät wird ab März bis Juli direkt ins Beet. Wenn es im Winter zu kalt ist, zieht sich die Pflanze in den Boden zurück.

NOCH MEHR **PFLANZEN**

Brunnenkresse *(Nasturtium officinale)*
Luftzwiebel/Etagenzwiebel (*Allium* x *proliferum*)
Meerkohl *(Crambe maritima)*
Rhabarber *(Rheum rhabarbarum)*
Sauerampfer *(Rumex acetosa)*
Topinambur *(Helianthus tuberosus)*
Zuckerwurzel *(Sium sisarum)*

KOHLRABI

— *Brassica oleracea* var. *gongylodes*

WUCHS Kohlrabi ist unkompliziert und wächst von den Kohlarten am schnellsten. Bis zur Ernte dauert es im Herbst-/Winteranbau etwa 20 Wochen. Kreuzblütler.

STANDORT Er liebt die Sonne und zieht lehmige Böden vor.

ANBAU Für die Winterernte von November bis Februar ab Juni im Abstand von 30 x 30 cm im Beet aussäen. Ausreichende und gleichmäßige Wasserversorgung, damit die Knolle nicht verholzt.

LAUCH

— *Allium porrum*

WUCHS Zweijährige Pflanze, die etwa 60–80 cm hoch wird. Es gibt Sorten für die Sommer- und Herbst-/Winterernte. Die Wintersorten haben lange weiße Schäfte und dunkles Laub. Amaryllisgewächse.

STANDORT Er benötigt eine sonnige bis halbschattige Lage mit nährstoffreichem Boden.

ANBAU Winterlauch wird im Juni/Juli direkt ins Beet gesät, Endabstand 20 x 40 cm. Die Jungpflanzen müssen angehäufelt werden, wenn die weißen Schäfte erscheinen. Bei Frost mit Vlies oder Stroh schützen.

MANGOLD

— *Beta vulgaris* ssp. *cicla*

WUCHS Mangold ist in der Schweiz sehr bekannt, da das bündnerische Traditionsgericht Capuns damit gekocht wird. Stielmangold bildet große Blätter mit breiten bunten Stielen, er wird etwa 50 cm hoch, ist zweijährig und absolut pflegeleicht. Gänsefußgewächs.

STANDORT Bevorzugt sonnige bis halbschattige Lagen mit humusreicher Erde.

ANBAU Für die Ernte ab September im April und Mai direkt ins Beet säen, Abstand 40 x 30 cm. Insbesondere die weißen Sorte eignen sich für den Winteranbau.

ROTE BETE

— *Beta vulgaris* ssp. *vulgaris*

WUCHS Die Rande gibt es in verschiedenen Farben, wobei die Rote die bekannteste ist. Gänsefußgewächs.

STANDORT Sie benötigt sonnige Lagen (sonst zuviel Nitrateinlagerung) mit humusreichen Böden.

ANBAU Die Aussaat direkt ins Beet erfolgt nach den Eisheiligen bis Anfang Juni. Für eine späte Ernte nicht vor Anfang Juli aussäen. Abstand 10 x 30 cm. Der Anbau gelingt fast immer und die Rüben sind nach drei bis vier Monaten erntereif. Maximal mit 6 cm Durchmesser ernten, die jungen Blätter sind lecker in Salatmischungen.

RADICCHIO, ROTER CHICORÉE

— *Cichorium intybus* var. *foliosum*

WUCHS Es gibt Sorten für den Sommer- und Herbstanbau sowie den Winteranbau. Die Blätter des Chicorée überzeugen mit ihrem bitteren Geschmack. Die Gemüsepflanze besitzt rot-weiße bzw. grün-weiße Blätter. Korbblütler.

STANDORT Sonniger bis halbschattiger Platz mit humusreichem Boden.

ANBAU Frühe Sorten im Mai/Juni, späte Sorten im Juli direkt ins Beet säen, Endabstand 30 x 30 cm. Ernte ab September, späte Sorten bis ins Frühjahr.

TOPINAMBUR

— *Helianthus tuberosus*

WUCHS Die Knollen gelten als Delikatesse und werden ähnlich wie Kartoffeln genutzt. Sie sind frosthart und können auch im Winter geerntet werden. Die Staude blüht wunderbar gelb im Herbst und wird über 2 m hoch. Korbblütler.

STANDORT Bevorzugt sonnige bis halbschattige Lagen und mag frische Gartenböden.

ANBAU Die Knollen werden im Frühjahr (ab Mitte März) oder im Herbst wie Kartoffeln ins Beet gelegt, mit Abstand von 60 x 50 cm. Benutze eine Wurzelsperre, da die Stauden wuchern.

MIT BIENEN-MAGNETEN GESTALTEN

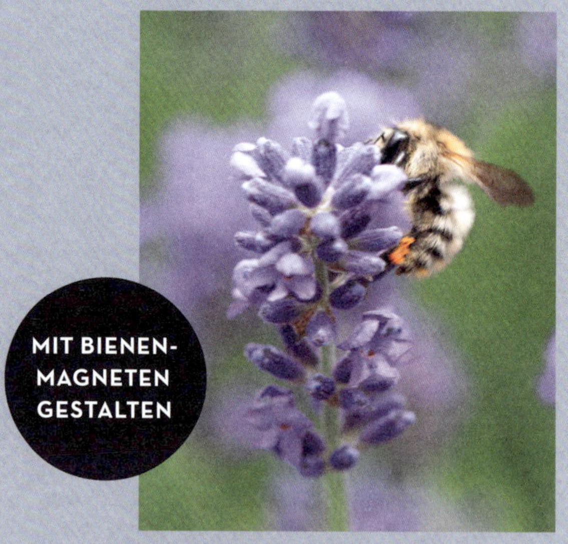

AROMATISCH & NÜTZLICH

Küchenkräuter sind vielseitig verwendbar und einfach zu kultivieren. Ob für mediterrane Gerichte, leckere Tees, Pestos und Dekoration. Jeder sollte sie im Garten haben!

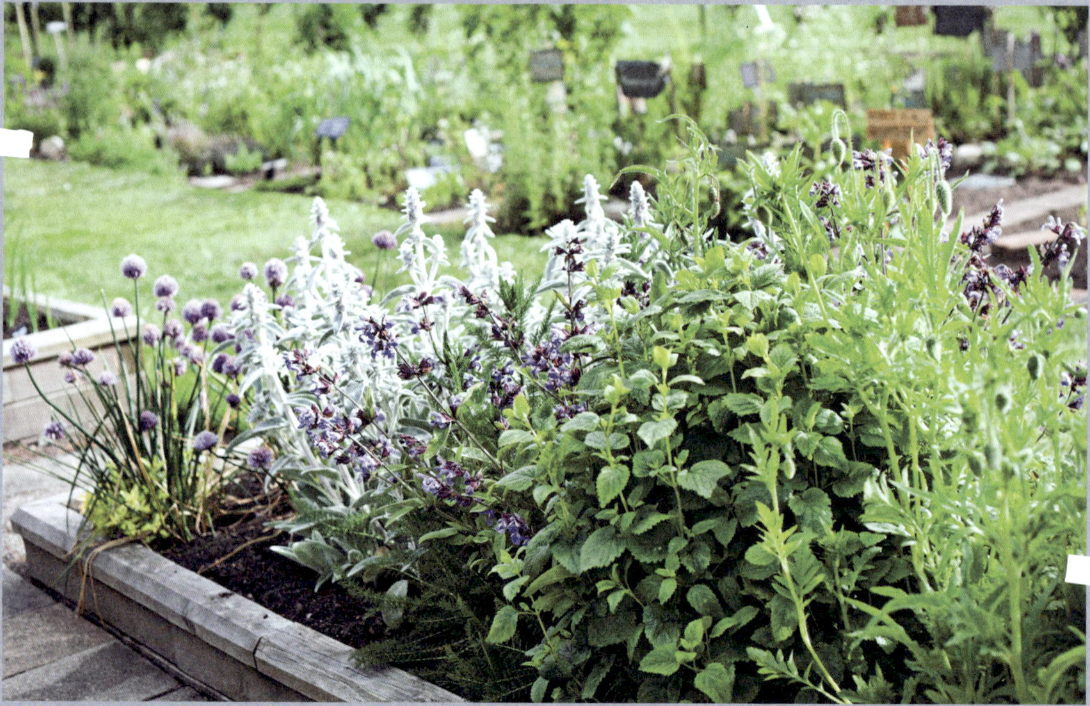

Kräuter

Kräuter im eigenen Garten anzubauen ist beliebt, die Vorteile liegen auf der Hand: Viele bekannte Vertreter sind winterhart, mehrjährig, pflegeleicht, schmecken zudem aromatisch und duften herrlich. Blühende Kräuter wie Lavendel und Rosmarin sind überdies atemberaubend schön und Bienenmagnete.

Wer Kräuter im Garten anbaut, kann kaum besser seinen Geldbeutel schonen. Küchenkräuter sind meist anspruchslos und gedeihen ohne großen Aufwand auf trockenen bis frischen Gartenböden. Robuste Kräuter wie Frauenmantel und Eisenkraut werden gerne wegen ihres dekorativen Charakters in der Blumenbeetgestaltung verwendet. Im Nutzgarten helfen Gewürzpflanzen Schädlinge fernzuhalten. Das ist einer der Gründe, weshalb Oregano und Thymian gerne als Einfassungspflanze verwendet werden. Der Standort am Rand ist für mehrjährige Kräuter bei Mischpflanzungen gewissermaßen besser geeignet, da die Reihen von Jahr zu Jahr wechseln. Wer Rosen im Garten haben möchte, kann diese mit Lavendel und Salbei kombinieren. Das sieht nicht nur gut aus, sondern schützt die Rosen vor Ameisen und Läusen. Man spart so einiges an Extrageld für Pflanzenschutzmittel und Gießwasser!

KRÄUTERGARTEN ANLEGEN

Grundsätzlich benötigst du keinen extra Kräutergarten, da sich viele Gewürzpflanzen in Töpfen halten lassen und Mehrjährige sich gut in jede Art von Rabatten einfügen. Allgemein lohnt es sich, Kräutergärten in Hausnähe anzulegen, damit man während des Kochens noch schnell die ein oder andere Leckerei ernten kann. Der ideale Standort ist warm und sonnig, manche wie die Minze kommen mit Halbschatten zurecht. Mediterrane Kräuter bevorzugen magere, leicht sandige Böden und vertragen Hitze und trockene Phasen. Kräutergärten werden meist wenig gedüngt und gegossen, das spart Zeit und Geld. Es empfiehlt sich, einjährige und mehrjährige Kräuter nicht zu mischen. Die Form des Kräutergartens kann individuell gestaltet werden. Neben einem klassischen Beet kann er auch als Spirale oder Rad daherkommen.

Kräuter zu kleinen Sträußen bündeln und zum Trocknen aufhängen. Toll, wie sie duften!

LAVENDEL

— *Lavandula angustifolia*

WUCHS Dieser aromatisch duftende Halbstrauch wird ca. 60 cm hoch. Er blüht blauviolett von Juni bis Juli. Auch die nadelförmigen, silbergrauen Blätter sind eine Augenweide. Sie würzen Fische und Geflügel.

STANDORT Der Lavendel fühlt sich in der Sonne pudelwohl, verträgt Trockenheit und sandigen Boden.

KULTUR Vermehrung durch Stecklinge im Frühjahr. Ab Mitte Mai in den Garten pflanzen. Verwelkte Blüten abschneiden, im Frühjahr bis auf die verholzenden Teile zurückschneiden. Pflegeleicht.

MAJORAN

— *Origanum majorana*

WUCHS Auch dieses Kraut ist ein Halbstrauch. Die Blätter besitzen ein feinwürziges Aroma und sind eine beliebte Würze für Fleisch und Kartoffeln. Der Majoran wird 30–40 cm hoch und blüht weiß von Juli bis September.

STANDORT Er liebt die Sonne mit durchlässigen, kiesig-lehmigen, nährstoffreichen Böden.

KULTUR Majoran kann durch Teilung vermehrt werden. Er wird idealerweise auf dem Fensterbrett zwischen Mitte März und Ende Mai ausgesät und nach den Eisheiligen ausgepflanzt. Pflegeleicht.

MELISSE

— *Melissa officinalis*

WUCHS Die Staude wächst buschig und verbreitet sich über Selbstaussaat und Ausläufer. Sie wird fast einen Meter hoch und blüht von Juni bis August unscheinbar weiß. Frische oder getrocknete Blätter sind lecker als Tee oder Sirup.

STANDORT Sonnige bis halbschattige Bereiche mit sandigen bis lehmigen Böden.

KULTUR Vermehrung durch Aussaat im Haus ab März möglich, nach sechs Wochen ins Freie pflanzen. Verbreitet sich im Garten aber meist von alleine. Pflegeleicht.

MINZE

— *Mentha*

WUCHS Minzen sind recht wüchsig und werden ca. 30–100 cm hoch. Sie treiben Ausläufer und wuchern. Deshalb empfiehlt es sich, sie in einen Topf zu setzen oder eine Wurzelsperre zu verwenden. Getrocknete oder frische Blätter sind ideal für Tee.

STANDORT Sie kommt mit fast jedem Standort zurecht, ideal sind sonnige bis halbschattige Plätze mit nährstoffreichem Boden.

KULTUR Lässt sich leicht durch Teilung nach der Blüte vermehren. Rückschnitt für kompakten Wuchs ist empfehlenswert. Es gibt unzählige Sorten. Pflegeleicht.

ROSMARIN

— *Salvia rosmarinus*

WUCHS Immergrüner Halbstrauch, der bis zu 1,50 m hoch werden kann. Nadelförmige Blättchen sowie blauviolette Blüten von März bis Mai. Einzelne Blättchen oder Triebspitzen aromatisieren frisch oder getrocknet mediterrane Gerichte und Tees.

STANDORT Geschützte Stellen mit Sonne und durchlässigen bis normalen Gartenböden, gut hitzeverträglich. Pflegeleicht.

KULTUR Er lässt sich leicht durch Stecklinge vermehren. Rückschnitt der Vorjahrestriebe für kompakten Wuchs. In rauen Lagen Winterschutz geben. Es gibt winterfestere Sorten wie 'Arp' oder 'Weihenstephan'.

ECHTER SALBEI

— *Salvia officinalis*

WUCHS Die immergrüne Gewürzpflanze wird 40–80 cm hoch und blüht violett von Juni bis August. Die Blätter sind frisch oder getrocknet beliebt in mediterranen Gerichten sowie als Tee bei Erkältungen, Entzündungen im Mundraum und Magenbeschwerden.

STANDORT Sonniger, warmer Standort mit trockenen, durchlässigen Böden.

KULTUR Salbei wird durch Aussaat und Stecklinge vermehrt. Für kompakten Wuchs im Frühjahr zurückschneiden. Winterschutz mit Reisig geben. Pflegeleicht.

SCHNITTLAUCH

— *Allium schoenoprasum*

WUCHS Von Mai bis August schöne violette Blütenstände in kugeligen Dolden, die essbare Deko auf Salaten sind. Bis 25 cm hohe Röhrenblätter zum Verfeinern von Speisen – können klein gehackt gut eingefroren werden.

STANDORT Sonne und mäßig trockene bis frische, humusreiche Böden.

KULTUR Vermehrung durch Teilung im Frühjahr oder Herbst. Kann im Frühjahr auch direkt ins Beet gesät werden. Im Sommer regelmäßig gießen und beernten für buschigen Wuchs. Pflegeleicht.

ECHTER THYMIAN

— *Thymus vulgaris*

WUCHS Der aufrecht verzweigte Halbstrauch wird etwa 25 cm hoch. Die immergrünen Blätter finden Verwendung in mediterranen Gerichten oder als Tee und Inhalation bei Husten und Bronchitis. Die helllila Blüte erscheint von Juni bis Juli.

STANDORT Sonnig, geschützt auf nährstoffarmen, durchlässigen, eher trockenen Böden.

KULTUR Eine kräftige Thymianpflanze kann durch Teilung vermehrt werden. Ansonsten kann er ab April ausgesät werden. Es gibt ihn in verschiedenen Sorten wie 'Compactus' und 'Orange Spice'. Pflegeleicht.

YSOP

— *Hyssopus officinalis*

WUCHS Der Halbstrauch wächst dicht-buschig und wird 60 cm hoch. Seine blauvioletten kerzenförmigen Blütenstände zeigen sich von Juli bis August. Die Blätter der wintergrünen Pflanze werden zum Würzen von Speisen wie Salat und Suppe verwendet.

STANDORT Das Bienenkraut bevorzugt sonnige Lagen und trockene, humusreiche Gartenböden.

KULTUR Ysop wird im Mai ausgesät und ist pflegeleicht. Es gibt auch eine weiße Sorte 'Albus' und eine pinkfarbene 'Roseus'.

GRIECHISCHES BUSCH-BASILIKUM

— *Ocimum basilicum* var. *minimum*

WUCHS Dieses Basilikum ist einfacher im Anbau und in der Pflege als das bekannte Strauchbasilikum. Kompakter, einjähriger Wuchs mit 25 cm Höhe. Die kleinen Blättchen sind sehr aromatisch und passen gut zu Pasta, Salaten und in Pestos. Weiße Lippenblüten von Juni bis September.

STANDORT Sonne bis Halbschatten an warmen, windgeschützten Orten mit nahrhaften, durchlässigen Böden.

KULTUR Voranzucht im März, Auspflanzen nach den Eisheiligen. Blüten ausknipsen.

KAPUZINERKRESSE

— *Tropaeolum majus*

WUCHS Große Blüten von Juli bis September in Gelb, Orange, Rot, auch mehrfarbig. Als schneller Bodendecker oder hübsch am Rankgerüst. Die leckeren Blüten, jungen Blätter und Samen haben ein senfähnliches Aroma. Als Deko für Salate oder eingelegt in Essig/Öl.

STANDORT Sonnige bis halbschattige Plätze mit sandigen bis lehmigen Böden. Pflegeleicht.

KULTUR Einfache Samenernte, die ab Mai wieder ins Beet gesät werden. Sät sich meist von selbst aus. Kann anfällig für Blattläuse sein, in heißen Sommern regelmäßig gießen.

KORIANDER

— *Coriandrum sativum*

WUCHS Koriander wird etwa 90 cm hoch und blüht weiß von Juni bis Juli. Sein Blatt ist fein gegliedert, es kann bei Bedarf geerntet werden. Sein kräftiges Aroma ist bekannt aus der asiatischen Küche.

STANDORT Er bevorzugt sonnige und warme Lagen. Der Boden sollte sandig bis lehmig sein. Blattkoriander-Sorten wachsen im Halbschatten und Schatten.

KULTUR Vermehrung durch Aussaat ab April direkt ins Beet. Er sät sich dann gerne selbst aus. Im Sommer braucht er regelmäßig Wasser.

ROBUST & GESUND

Gärten lassen sich mithilfe von Obstgehölzen gestalten. Statt eines simplen Bodendeckers, können auch Erdbeerpflanzen verwendet werden.

MIT BEEREN FÜR NASCH-KATZEN

Obst

Obst ist meist einfacher zu kultivieren als Gemüse. Bei der Auswahl der Pflanzen habe ich mich auf Obstarten fokussiert, die gute und ordentliche Erträge liefern. Obstbäume sind nicht nur für den Genuss wichtig, sondern bieten Vögeln und Insekten ein Zuhause.

Bäume und Sträucher sind wichtig, um einen Garten räumlich zu gestalten. Für Nutzgartenfans und Teil-Selbstversorger gebe ich gerne die Empfehlung, den Garten mit Obstpflanzen zu gestalten, denn auch ein Apfelbaum gibt Schatten, eine Johannisbeerhecke sorgt für Sichtschutz und Erdbeeren verdrängen als Bodendecker Unkräuter.

OBSTBÄUME KAUFEN UND PFLANZEN

Obstbäume selbst zu vermehren ist nicht einfach und für die meisten Laien lohnt es sich, diese zu kaufen. Dabei solltest du unbedingt den Platzbedarf in deinem Garten beachten. Die Veredelungsunterlage bestimmt die Größe und das Wuchsverhalten deines Obstbaumes. Das bedeutet, dass du eine Apfelbaumsorte in verschiedenen Höhen und Formen kaufen kannst und du beim Kauf in der Baumschule auf die Wuchsform achten solltest:

- Beim Buschbaum ist die Obstsorte auf eine schwach wachsende Unterlage veredelt. Der Baum erreicht eine Höhe von 3 m, dabei liegt die Stammhöhe bei etwa 60 cm.
- Ein Halbstamm wird höher und besitzt eine Stammhöhe von 1–1,50 m. Die Krone ist leichter zu erreichen als bei einem Hochstamm.
- Der Hochstamm ist die ursprüngliche Form vieler Kultursorten. Seine Stammhöhe beträgt zwischen 1,60 und 1,80 m.
- Wer einen kleineren Garten hat und trotzdem gerne Obst ernten möchte, sollte auf die Wuchsform Spalier- oder Säulenbaum zurückgreifen. Diese kann man sogar in Kübeln auf der Terrasse pflegen. Zudem gibt es Spindelbäume, sie werden etwa 3 m hoch.

Der Herbst ist die beste Pflanzzeit für winterfeste Obstbäume wie Apfel, Birne, Kirsche und Pflaume. Denn so haben die Bäume mehr Zeit Wurzeln zu bilden und anzuwachsen. Bei wurzelnackten Gehölzen ist es zentral wichtig, dass du diese bis spätestens März in den Boden pflanzt. Beim Pflanzen eines Obstbaums sollte auf den zukünftigen Schattenwurf und den Grenzabstand zum Nachbargrundstück geachtet werden.

TIPP

Wähle gesunde und robuste Sorten, dann hast du lange Freude und wenig Pflegeaufwand im Garten.

APFEL

— *Malus domestica*

WUCHS Der sommergrüne Baum blüht rosa von April bis Mai. Die Frucht wird im September bzw. Oktober reif, es gibt Sorten für den Frischverzehr, die Lagerung und Saftgewinnung.

STANDORT Sonnig bis halbschattig auf tiefgründigen und lehmigen Gartenböden.

ANBAU Äpfel werden meist durch Veredelung vermehrt. Das Gehölz erhält man überwiegend wurzelnackt. Robuste, schmackhafte und ertragreiche Sorten sind 'Retina', 'Rebella' 'Gerlinde', 'Topaz'.

BIRNE

— *Pyrus communis*

WUCHS Die Früchte reifen von Juli bis Oktober und sind für den Frischverzehr, die Lagerung und Saftgewinnung geeignet.

STANDORT Wärmebedürftiger als Apfelbäume, daher sonnig, geschützt auf durchlässigen bis humusreichen Böden. In rauen Lagen am Wandspalier anbauen.

ANBAU Auch Birnen werden über Veredelung vermehrt. Pflanzzeit von wurzelnackten Bäumen im Frühjahr oder Herbst. Robuste, schmackhafte und ertragreiche Sorten sind 'Clapps Liebling', 'Conférence', 'Köstliche von Charneu'.

ESSKASTANIE

— *Castanea sativa*

WUCHS Gilt als hoffnungsvoller Zukunftsbaum gegen den Klimawandel. Wächst ausladend und aufrecht mit imposanten, attraktiven Blättern und auffälligen Blüten von Mai bis Juli. Seine Früchte, die Maronen, sind in einer bestachelten Hülle und werden meist im Oktober geerntet.

STANDORT Warm, sonnig bis halbschattig mit kiesigen bis lehmigen Böden.

ANBAU Winterhart, stadtklimafest und pflegeleicht. Empfehlenswerte schmackhafte Sorte ist 'Bouche de Betizac', sie wird nur 6–8 m hoch.

FEIGE

— *Ficus carica*

WUCHS Der Kleinbaum wird zwischen 2–4 m hoch und blüht unscheinbar von März bis Juli. Die süßen grünen oder violetten Früchte werden im August reif.

STANDORT Warm, sonnig, geschützt, auf nährstoffreichen, lehmhaltigen Böden. Hitzeverträglich. Wird für eine frostfreie Überwinterung oft im Kübel kultiviert.

ANBAU Rückschnitt von zu langen Trieben möglich, um die Feige in Form zu halten. Die Sorten 'Dalmatie' und 'Brown Turkey' sind winterhart, bis zum zehnten Standjahr aber Winterschutz geben. Auf selbstfruchtende Sorten achten.

SÜSSKIRSCHE

— *Prunus* in Sorten

WUCHS Süßkirschen werden zwischen 4 und 15 m hoch und blühen weiß von April bis Mai. Die Erntezeit der dunkelroten Früchte liegt je nach Sorte im Mai bis Juli (immer mit Stiel ernten!).

STANDORT Sonnige, geschützte Plätze, da die Kirschblüte spätfrostgefährdet ist. Nährstoffreiche, tiefgründige Böden.

ANBAU Beste Pflanzzeit ist der Herbst. Viele Sorten brauchen eine Befruchtersorte in der Nähe. Gegen die lästige Kirschfruchtfliege hilft der Anbau von frühen Sorten wie 'Burlat'.

PFLAUME

— *Prunus domestica*

WUCHS Pflaume ist botanisch gesehen der Überbegriff für Zwetschge, Mirabelle, Reneklode und der eigentlichen Pflaume. Der Baum wird bis 6 m hoch, die Früchte reifen von Juli bis Oktober.

STANDORT Sonnig und warm, je nach Sorten auch halbschattig auf humusreichen Böden.

ANBAU Ideale Pflanzzeit ist der Herbst. Manche Sorten brauchen im Umkreis eine Befruchtersorte. Leckere Sorten, die gegen die Scharka-Krankheit resistent sind: 'Katinka' (frühreifend), 'Tophit' (mittelspät), 'Ontario' (frühreifend).

BROMBEERE

— *Rubus* sect. *Rubus*

WUCHS Kletterpflanze, die 1–3 m hoch wird, mit Blütezeit von Mai bis August. Die Reifezeit der Früchte ist von Juli bis Oktober.

STANDORT Sonnig bis halbschattig, mag es humusreich.

ANBAU Pflanzung von Ballenware im Frühjahr an ein Spalier (außer 'Navaho'). Robust und unkompliziert! Sorten mit und ohne Stacheln und Ranken. Bekannte Sorten sind 'Navaho' (stachellos, bis 2 m, weniger stark wachsend), 'Loch Ness' (stachellos), 'Theodor Reimers'. Abgeerntete Triebe im Herbst bodennah abschneiden.

ERDBEERE

— *Fragaria ananassa*

WUCHS Mehrjährige Pflanzen mit Blütezeit von April bis September in Weiß. Ab Mai bis Juli reifen sortenabhängig die Früchte.

STANDORT Liebt die Sonne und frische Gartenböden.

ANBAU Bewurzelte Ausläufer von den Mutterpflanzen im Spätsommer einfach abtrennen und in neuem Beet einpflanzen, am besten alle drei bis vier Jahre zur Ertragssicherung. Zur Reifezeit mit Stroh mulchen. Robuste, leckere, ertragreiche Sorten sind 'Polka', 'Florence', 'Rumba'.

HIMBEERE

— *Rubus idaeus*

WUCHS Je nach Sorte zwischen 1–2,50 m hoch. Blüht weiß von Mai bis Juli. Es gibt im Sommer (Juli bis September) und im Herbst tragende Himbeeren (August bis Oktober).

STANDORT Himbeerpflanzen fühlen sich am wohlsten an einem sonnigen und windgeschützten Ort. Sie mögen einen leicht sauren und nährstoffreichen Boden.

ANBAU Als Containerware im Herbst pflanzen. Gegen Austrocknen des Bodens diesen mit Mulch bedecken. Abgeerntete Ruten bodennah abschneiden. Gute Herbstsorte ist 'Autumn Bliss'.

MINI-KIWI

— *Actinidia arguta*

WUCHS Raschwüchsige Kletterpflanze mit 3–10 m Höhe, hübsche weiße Blüten im Mai, leckere walnussgroße Beeren mit glatter Schale von September bis Oktober (Schale wird mitgegessen!).

STANDORT Sonnig bis halbschattig mit humosen, leicht feuchten Gartenböden.

ANBAU Robust, winterhart, pflegeleicht, hoher Fruchtertrag. An Pergola o. Ä. hochklettern lassen, im Herbst nach der Ernte lange oder störende Triebe einkürzen. Manche Sorten brauchen einen Befruchter. Gute Sorten: 'Weiki', 'Super Issai'.

ROTE JOHANNISBEERE

— *Ribes rubrum*

WUCHS Der Strauch wird etwa 1–1,50 m hoch, von April bis Mai erscheinen gelbe Blüten, ab Juni reifen die roten Beeren.

STANDORT Die Johannisbeere steht gern sonnig bis halbschattig auf frischen Gartenböden.

ANBAU Können leicht durch Steckhölzer vermehrt werden. Die ideale Pflanzzeit ist im Frühjahr oder Frühherbst. Boden gegen Austrocknung mulchen. Alte, dunkelbraune Ruten alle paar Jahre auslichten. Beliebte Sorten sind 'Rolan', 'Devtan' und 'Stanza'.

PREISELBEERE

— *Vaccinium vitis-idaea*

WUCHS Der dichte Zwergstrauch gehört zur Gattung der Heidelbeeren und wird etwa 15–35 cm groß. Die weiße Blüte erscheint zwischen Juli und August. Die hübschen Beeren reifen von September bis Oktober, sie werden gekocht oder getrocknet gegessen.

STANDORT Sonnig bis halbschattig, benötigt einen sauren Boden mit einem pH-Wert von 5–6.

ANBAU Sie wird vegetativ mit Stecklingen vermehrt und gerne als Bodendecker verwendet. Absolut winterhart und pflegeleicht.

SCHÖNE BEETE – GÜNSTIG GESTALTEN

Einfache und effektvolle Gartenelemente

Neben Pflanzen, die natürlich atemberaubend im Garten aussehen, verwende ich gerne dekorative Gartenelemente in der Gestaltung. Denn nicht nur das Wohnzimmer kann mit Dekor aufgewertet werden, sondern ebenso der Garten. Meist haben solche Elemente wie Obelisken und Gartenmöbel auch einen praktischen Nutzen.

1

Geschmack und eine effektvolle Anordnung von Gartenelementen sind zwar unbezahlbar, aber mit geringem Budget umsetzbar. Mit ein paar Gartengestaltungstipps kannst du Gartenelemente gelungen in deinen Garten einbringen.

KUNST UND HANDWERK ALS BLICKFANG EINSETZEN

Kunst verleiht einem Garten Persönlichkeit und wird gerne in die Gartengestaltung mit einbezogen, z. B. verleihen Kunstobjekte Wegen einen Sinn und wecken den Entdeckungsdrang. Gerade in kleinen Gärten funktionieren Blickachsen sehr gut, da es sich im Eigentlichen nur um eine Blickbeziehung handeln muss. Wenn du ein Objekt in den Garten platzierst, dann achte darauf, dass es genug Platz hat, um wirken zu können und es zentral aufgestellt wird. Positioniere das ansehnliche Objekt so, dass es von möglichst vielen Plätzen im Garten einsehbar ist. Das verleiht dem Kunstwerk mehr Wichtigkeit, denn du möchtest es ja nicht verstecken.
Gerade bei Blickfängen solltest du dafür sorgen, dass die Umgebung deren Form oder Farbe betonen und sie so zusätzlich unterstreichen. So etwas schaffst du mit Kontrasten. Solche Akzente setzt du z. B. mit Komplementärfarben wie Rot und

1. Eine Gießkanne an den richtigen Platz gesetzt, kann einen Garten kunstvoll aufwerten.

2. Kunstgegenstände im Garten können auch selber angefertigt werden.

Grün oder Violett und Gelb. Das funktioniert auch mit Texturen wie rau und glatt oder glänzend und matt. Am einfachsten kreierst du diese Kontraste mit Pflanzen, denn Bepflanzungen unterstreichen die Ausstrahlung des Kunstwerkes.

PREISWERTE ALTERNATIVEN FÜR EFFEKTVOLLE OBJEKTE

Kunst und Handwerk können sehr schnell teuer werden. Das ist auch vollkommen in Ordnung, denn gewisse Kunst ist aufwendig in der Herstellung und die Materialkosten sind nicht zu unterschätzen, doch es gibt Alternativen.

Materialwahl

Materialkosten können gesenkt werden, indem auf preisgünstige Alternativen ausgewichen wird. Statt teure Materialien vom Bildhauer zu erwerben, kannst du beispielsweise auf Kunststein, Terrakotta oder Keramikornamente zurückgreifen. Anstelle von Harthölzern setzen manche Künstler auch auf Treibholz oder gebrauchtes Holz. Grundsätzlich kann auf Kunst verzichtet werden und anstelle dessen Findlinge oder alte Arbeitsgeräte eingesetzt werden. Ein von mir oft geknipstes Fotomotiv in öffentlichen Gärten mit Nutzgartencharakter ist entweder ein steckender Spaten oder eine Metallgießkanne.

2

Staudenstützen aus Metall wirken meist kunstvoll und können deshalb auch als Dekoration eingesetzt werden.

TIPP
Überlade den Garten nicht mit Elementen, das engt dich sonst zu sehr ein.

Motive

Ein weiteres gern verwendetes Motiv in Cottage-Gärten und anderen ländlich angehauchten Gartenstilen ist die Tierfigur. Besonders beliebte Motive sind Ferkel, Hähne, Hasen, Hühner und Schafe. Diese habe ich schon sehr kontrastreich aus blauem Kunststoff oder aus industriell hergestelltem Cortenstahl gesehen und fand es wunderbar.

Formschnittgehölze

Formschnittgehölze werden gerne in der japanischen und englischen Gartentradition eingesetzt, denn auch geformte Gehölze wirken wie eine Plastik. Beim ostasiatischen Formschnitt strebt der Gärtner danach, Elemente wie Erde, Himmel, Wasser und Pflanzen in Harmonie zu vereinen. Das Gehölz wird als abstraktes Kunstwerk verstanden. Durch ständigen Rückschnitt entstehen einmalige Pflanzengestalten. In England spricht man von sogenannten „topiary gardens". Da werden die Gehölze nicht nur in geometrischen Formen geschnitten, die Gärtner lassen häufig ihrer Fantasie freien Lauf und es entstehen außergewöhnliche Figuren.

Geborgte Landschaft

Ein weiteres, schon fast kostenloses Stilelement ist die „geborgte" Landschaft. Manche Gärtner integrieren die großen Bäume vom Nachbargrundstück in die Gartengestaltung mit ein, was harmonisch wirkt und gerade kleine Gärten größer erscheinen lässt. Wer als Umgebung eine schöne Landschaft hat, sollte mit fließenden Übergängen arbeiten und z. B. nur niedrige Heckenelemente nutzen. Natürlich kann die attraktive Perspektive auch eingerahmt werden. Ein typisches Gartenmotiv ist die runde Öffnung in Mauern oder das Arbeiten mit Tür, Tor oder Fensteröffnungen.

Schalen und Staudenstützen

Vasen, Urnen, Schalen und Amphoren sind in der Gartenkunst ein sehr beliebtes Gestaltungselement. Auch sie lenken den Blick der Besucher, wenn sie an der richtigen Stelle platziert sind. Vasen wirken bepflanzt sehr schön, funktionieren aber auch leer außergewöhnlich gut. Weitere einfache, effektvolle und kostengünstige Gartenelemente sind Rosenbögen, Hochbeete, Staudenstützen und Wassertröge.

MIT GARTENMÖBELN GESTALTEN

Eine Bank oder eine Liege am richtigen Ort aufzustellen, lenkt nicht nur den Blick vom Besucher, sondern lädt zum Entspannen ein. Gerade stilvolle Möbel können teilweise sogar als Gartenkunstwerk betrachtet werden. Trotzdem sollte beim Kauf von Mobiliar auch darauf geachtet werden, dass es bequem ist. Wähle Möbel, die zum Stil deiner Anlage passen, denn Mobiliar bringt die Aussage des Gartens auf den Punkt. Z. B. passen in Cottage-Gärten vor allem rustikale Holzmöbel, die schon in die Jahre gekommen sind. In modernen Gärten setzt man besten schlichtes und architektonisch wirkendes Mobiliar ein.
Um mit Möbeln zu gestalten, kannst du beispielsweise auch eine gewisse Farbe oder Textur aufgreifen, die sich noch woanders im Garten wiederfindet. Wer gerne Schnäppchen macht, sollte seine Gartenmöbel im Herbst in Gartencentern und Baumärkten kaufen. Wer es gerne ausgefallen oder rustikal mag, kann auch gerne aus zweiter Hand kaufen. Gerade bei Gartenmöbeln solltest du darauf achten, dass sie witterungsbeständig und pflegeleicht sind. So können teure Enttäuschungen vermieden werden. Wer gerne zu Holzmöbeln greift, sollte dies umweltgerecht tun und auf Langlebigkeit setzen. Bitte verzichte darauf, dir Mobiliar aus Tropenhölzern anzuschaffen und greife lieber auf heimische Harthölzer wie Eiche zurück.
Ein sich wiederfindendes Element in der Gartengestaltung ist der Sitzplatz, meist ist er mit einer solitären Holzbank ausgestattet.

Rosenbögen sind beliebte und günstige Gartenelemente, welche in romantischen Blumengärten nicht fehlen sollten.

Familienfreundlicher Garten

Gärten sind erweiterte Wohnräume für die Bewohner des Hauses, darin wohnen meist Familien mit Kindern. Den Garten teilen sich alle Familienmitglieder. Er teilt sich oft auf in Terrasse, Beete, Rasen und einen Spielbereich. Einfache Spielgeräte wie ein Sandkasten und eine Schaukel sollten in keinem Familiengarten fehlen.

1

Ein Spielbereich für Kinder sollte flexibel gestaltet werden, denn Kinder wachsen schnell und so kann der Garten den Bedürfnissen der Aufwachsenden angepasst werden. Bei Kleinkindern sollte beim Pflanzenkauf darauf geachtet werden, dass sie nicht stark giftig sind. Verzichte ebenso auf offene Wasserbecken. Pflanzen, die Schmetterlinge oder Vögel anziehen, sind optimal. Kinder lieben großzügige und strapazierbare Rasenflächen, um Fangen oder Ball zu spielen. Wer gerne Klettertürme oder Schaukeln hat, sollte mit weichen und robusten Belägen arbeiten. Sowas wie Rindenmulch oder Rundkies ist optimal. Große Gärten können gestalterisch in räumliche Bereiche geteilt werden, was gerade bei größeren Kindern zu Rückzugsmöglichkeiten führt. Falls du große Gartenträume hast, musst du diese wegen den Kindern nicht zurückstellen. Die Träume sollten einfach ein wenig flexibler sein und die Familie mit integrieren. Falls du gerne gärtnerst, kannst du das Hobby mit deinem Kind teilen, indem du ihm ein eingerahmtes kleines Beet zur Verfügung stellst. Denn die Beteiligung am Gärtnern weckt Interesse an Gemüse und Obst. Das kann auch die Ernährungsgewohnheiten der Kinder positiv verändern. Kinder sind sehr ungeduldig, deshalb sollte bei ihnen eine Anfängersaat wie Radieschen oder Sonnenblumen verwendet werden.

WENIGER IST MEHR

Nicht nur bei Möbeln, sondern auch bei Spielgeräten lautet die Devise: Weniger ist mehr. Kinderspielgeräte sind toll, und gerade mobile Spielgeräte können gut in einen kleinen Garten integriert werden. Das Material, aus dem der Sandkasten besteht, sollte langlebig sein und das intensive Spiel aushalten. Denn Kinder wollen kreativ sein, buddeln und Sandburgen bauen. Praktisch sind

1. Kinder lieben Gärten, um zu spielen, zu entdecken und zu toben.

2. Schaukeln können auch schnell und einfach an bestehenden Bäumen befestigt werden.

Holzrahmensandkasten, am besten mit einer Abdeckung, damit die Katze der Nachbarn ihr Geschäft nicht darin verrichtet. Ein weiteres Spielelement, das in keinem Familiengarten fehlen sollte, ist die Schaukel, denn Kinder haben einen Bewegungsdrang. Sie wollen rennen, klettern, balancieren und eben auch schaukeln. Kinder mögen es farbenfroh. Darum sind farbig gestaltete Bereiche oft ein wesentlicher Bestandteil von Familiengärten. Farbe holst du dir mit Pflanzen, Spielgeräten und Möbeln in den Garten. Die Gartenmöbel sollten für Erwachsene und Kinder geeignet sein. Auch sollten sie witterungsfähig und pflegeleicht sein.

2

Kinderspielplätze natürlich gestalten

Kinder mögen es naturnah und unperfekt, denn in naturnahen Spielräumen können sie sich nach Lust und Laune ausprobieren und austoben. Da die Kinder kein perfektionistisches Spielmaterial bevorzugen, kann gut mit vorhandenen und natürlichen Elementen gearbeitet werden und man spart dazu bares Geld.

1. Spielparadies mit Sand und Wasser gestalten

Spielbereiche mit Sand und Wasser lösen Urlaubserinnerungen aus. Es wird gebuddelt, gebaut und gematscht. Das Spielparadies kann später in einen maritimen Garten verwandelt werden. Bei Familien mit kleinen Kindern solltest du größere Wasserelemente vermeiden.

2. Spielhaus für Kinder selbst erstellen

Viele Kinder träumen von einem Spielhaus. Dies kann relativ schnell und einfach aus Pappe erstellt, aus Brettern zusammengezimmert oder aus Naturmaterialien wie Ästen und Zweigen gebaut werden.

3. Trampolin attraktiv in den Garten integrieren

Ein Trampolin hält fit und bringt Spaß für die ganze Familie. Die Kinder können sich austoben und die Erwachsenen Stress abbauen. Dank Raumgliederungen und Sichtschutz kann es gut in den Garten eingegliedert werden. Da der größte Hype mittlerweile vorüber ist, bekommt man sie kostengünstig im Gebrauchtwarenmarkt.

4. Kletterstämme und Balancierbalken selber bauen

Kinder klettern am liebsten auf Bäume. Da dies nicht ganz ungefährlich ist, können Holzstämme zum Klettern und Balancieren eine Alternative sein. Folgende Sicherheitsbestimmungen sollten dabei beachtet werden: Plane rund um das Spielgerät eine mindestens zwei Meter freie Fallfläche ein und verwende einen Fallschutzbelag wie Rasen oder Holzschnitzel. Das Holz darf nicht splittern und die Stämme sollten sicher im Boden verankert sein. Als Kletterstamm wird in vielen Fällen Robinienholz verwendet.

5. Geeignete Sträucher für Familiengärten verwenden

Kinder lieben Sträucher im Garten, um sich zurückzuziehen und Verstecken zu spielen. Dabei sollte darauf geachtet werden, dass diese ungiftig und robust sind. Geeignete Arten sind Felsenbirne, Hartriegel, Haselnuss und Gewöhnlicher Flieder.

6. Für ausreichend Schatten sorgen

Damit der Spielbereich im Sommer auch nutzbar ist, sollte er Schattenbereiche enthalten. Abhilfe schaffen da Bäume und Sonnensegel. Im Notfall reicht auch ein improvisiertes Dach mit einer Plane.

7. Tiere mit Biotopen in den Garten locken

Teiche mit flachen und begehbaren Ufern für Tiere zu gestalten, bieten Verstecke für Igel. Die Uferbepflanzung von solchen Biotopen lockt Bienen und Schmetterlinge an. Gerade ältere Kinder lieben es, solche Lebensräume zu beobachten und es stärkt ihr Naturverständnis.

8. Mit Geschmack pflanzen

Kinder naschen für ihr Leben gern. Dies machen sie auch ganz unkompliziert von Bäumen und Sträuchern. Geeignet dafür sind Johannis-, Erd-, Heidel- und Himbeeren.

9. Schaukel an bestehendem Baum oder Pergola aufhängen

Eine Schaukel kann ganz einfach selbst gebaut werden, mit einem Sitzbrett in der gewünschten Größe und einem langen, stabilen Seil. Das Sitzbrett kann auch ein Stück Treibholz sein, und die robusten Seile können aus Recyclingmaterial bestehen.

Vagabunden-Beete

Die beiden folgenden Musterbeete sind mit versamenden Pflanzen gestaltet. Diese Art von Pflanzen werden auch Pendler genannt, denn sie sind nicht ortsfest, da sie meist kurzlebig sind und sich auf offenen Flächen dank Samen vermehren. Dabei spielen Dynamik und Zufall eine Rolle.

KONZEPT

Bekannt geworden ist diese Art der Beetgestaltung durch das sogenannte Blackbox Gardening, hier werden Beete durch versamende Pflanzen gestaltet. Das ist besonders preiswert, denn in diesem Beet benötigen wir keine große Stückzahl an fertig entwickelten Pflanzen, sondern nur wenige Initialpflanzen oder Samen. Mit versamenden Pflanzen sind solche gemeint, die sich fast von alleine verbreiten, siehe Seite 37. Für einen schönen Frühjahrsaspekt kombinieren wir die Pflanzen mit Blumenzwiebeln, die sich leicht verwildern. Diese Art von Zwiebelpflanzen erläutere ich auf Seite 55 genauer.

Als Inspirationsquelle dieser beiden Beetkonzepte dienen spät blühende Prärien. Die Gräser wie das Feder- oder Reitgras spielen dabei eine wichtige Rolle und besitzen einen naturalistischen Charakter. Die Blütenfarben sind harmonisch und liegen nebeneinander im Farbkreis. Dazu gesellen sich kontrastreiche Blütenformen.

BEPFLANZUNG UND PFLEGE

Wenn du mit versamenden Pflanzen gestalten möchtest, hast du folgende drei Möglichkeiten: Du kannst die Pflanzen selbstständig in einer Aufzuchtschale mithilfe von Samen vermehren oder du arbeitest mit einer Initialpflanzung. Mit einer Initialpflanzung sind Mutterpflanzen gemeint, die selbstständig ihre „Babys“ in den Garten streuen. Die Möglichkeit mit Initialpflanzen zu arbeiten, ist die sicherste, da sie sich schnell entwickeln und im ersten Jahr blühen. Wer es lieber experimentell mag, kann als dritte Möglichkeit auch versuchen,

Der Schnittlauch kann sich reichlich im Garten versamen.

die Samen direkt ins Beet zu säen und zuschauen, was wächst. Saatgut ist im Verhältnis zu „fertigen Pflanzen" günstig und lässt sich meist einfach im Versandhandel beziehen. Doch es ist nicht zu unterschätzen, dass Samen mit der Zeit an Keimfähigkeit verlieren.

Die Musterbeete gestalte und berechne ich dir flächendeckend mit Initialpflanzen auf 2 qm. Dies ist die sicherste und anfängerfreundlichste Variante. Wenn du mehr Dynamik im Beet haben möchtest, kannst du die Beetfläche leicht vergrößern. Denn je größer die offene Fläche im Beet, desto mehr Lücken können die Pendler füllen. Auf offenen Erdflächen können sich natürlich auch „Unkräuter" ansiedeln. Diese stören und sollten grundsätzlich entfernt werden. Wer säen will, kauft sich einfach „eine Proportion" pro Pflanze und sät diese ins Beet.

Der Fingerhut sät sich im zweiten Jahr von selbst aus.

MUSTERBEET: SONNENSCHEIN-PRÄRIE

Diese von einer Prärie inspirierte Bepflanzung lässt Sonnenschein in deinen Garten, auch bei bewölktem Wetter. Die ausgewählten Stauden und Gräser sind Vagabunden, die in den Jahren durch das Beet pendeln. Die Zwiebelpflanzen besitzen eine kelchförmige Blüte, dominieren im Frühling und verwildern mit der Zeit.
Die Blütezeit reicht von Februar bis November, und die Bepflanzung blüht durchgehend gelb. Das Beet versprüht Wärme und Fröhlichkeit. Die ausgewählten Pflanzen lieben die Sonne und bevorzugen einen normalen und frischen Gartenboden.

Alternativpflanzen

Weitere gelbe und wilde Zwiebelpflanzen für Sonne und normale Gartenböden sind Narzisse (*Narcissus* 'February Gold') und Winterling *(Eranthis cilicica)*. Eine Alternative zum Diamantgras ist die Rasen-Schmiele *(Deschampsia cespitosa)*. Mehr gelbe Stauden, die auf den Standort passen sind: Bronze-Fenchel (*Foeniculum vulgare* 'Rubrum'), Gold-Wolfsmilch *(Euphorbia polychroma)* und Ausdauernde Stockrose (*Alcea-Rosea*-Hybride 'Sunshine').

EINKAUFSLISTE

1 Diamantgras *(Calamagrostis brachytricha)*, 2 Stk.

2 Dunkle Königskerze *(Verbascum nigrum)*, 1 Stk.

3 Frauenmantel *(Alchemilla mollis)*, 2 Stk.

4 Gelbe Akelei (*Aquilegia-Caerulea*-Hybride 'Maxi'), 4 Stk.

5 Oktober-Sonnenhut *(Rudbeckia triloba)*, 1 Stk.

6 Rostfarbiger Fingerhut *(Digitalis ferruginea)*, 2 Stk.

Zwiebelpflanzen

A Weinbergs-Tulpe *(Tulipa sylvestris)*, 50 Stk.

B Taschkent-Krokus *(Crocus korolkowii)*, 150 Stk.

MUSTERBEET: BLUE MEETS PINK

Dieses von den Steppen Amerikas inspirierte Beet blüht harmonisch in den Farben Pink, Lila bis Blau. Es verträgt heiße Sommer und trockene Böden. Der Standort sollte vollsonnig und der Boden sandig bis mäßig lehmig sein. Wer experimentierfreudig ist, kann dieses Beet auch in einem Kiesbeet anlegen. Auch hier pendeln die Pflanzen im Beet umher, und die Zwiebelpflanzen verwildern mit der Zeit. Die Blütezeit erstreckt sich zwischen Februar bis Oktober, und die Blütenstände können über Winter stehen gelassen werden, außer die Pflanzen versamen sich zu stark. Gerade im Sommer und Herbst erreicht die Bepflanzung ihren Höhepunkt.

Alternativpflanzen

Andere blaue und wilde Zwiebelpflanzen für sonnige und trockene Standorte sind Zwiebel-Iris (*Iris reticulata* 'Harmony') und Traubenhyazinthe *(Muscari azureum)*. Ein weiteres interessantes Gras ist das Riesen-Federgras *(Stipa gigantea)*. Die beiden Stauden Quirlblütiger Salbei (*Salvia verticillata* 'Purple Rain') und Purpur-Fingerhut *(Digitalis purpurea)* funktionieren auch für dieses Konzept.

EINKAUFSLISTE

❶ Akelei
(Aquilegia vulgaris), 4 Stk.

❷ Federgras
(Stipa tenuissima), 5 Stk.

❸ Patagonisches Eisenkraut
(Verbena bonariensis), 3 Stk.

❹ Pfirsichblättrige Glockenblume
(Campanula persicifolia), 3 Stk.

❺ Rosa Prachtkerze (*Gaura lindheimeri* 'Gambit Rose'), 2 Stk.

❻ Schafgarbe
(*Achillea-Millefolium*-Hybride 'Lilac Beauty'), 3 Stk.

Zwiebelpflanzen

Ⓐ Felsen-Tulpe (*Tulipa bakeri* 'Lilac Wonder'), 50 Stk.

Ⓑ Elfen-Krokus
(Crocus tommasinianus), 150 Stk.

Schnittblumen-Beete

Die nächsten beiden Beete sind mit Schnittblumen geplant. Das sind Blütenpflanzen, die für den dekorativen Zweck besonders zum Aufstellen in einer Vase oder auch zum Verschenken angepflanzt werden. Das erste Beet wird mit mehrjährigen Pflanzen, das zweite mit einjährigen Pflanzen gestaltet.

1

Die rötlich verfärbte Sterndolde peppt jedes Beet auf.

KONZEPT

Wenn du schöne Blumen für die Vase ernten möchtest, kannst du sie einfach im Garten selbst anbauen. So hast du attraktive Sträuße für dein Zuhause, passende Geschenke für Freunde und Familie und kannst sie ohne Pflanzenschutzmittel und regional anbauen. Falls du ein langfristiges Blumenbeet willst, mit dem du jahrelang Blumen und Spaß hast, dann würde ich dir ein Beet aus mehrjährigen Pflanzen wie Stauden, Gräsern und Zwiebelpflanzen empfehlen. Dies ist in der Anschaffung ein wenig teurer, dafür sehr pflegeleicht und wird mit den Jahren meistens noch schöner.
Eine weitere Möglichkeit ist es, ein Beet mit einjährigen bzw. zweijährigen oder sehr kurzlebigen Pflanzen zu gestalten. Diese Art von Blumen kannst du in deinen Nutzgarten integrieren oder temporär auf einer Fläche in deinem Garten nutzen. Blumen in Nutzgärten sind meiner Meinung nach schon fast ein Muss, denn auch diese kannst du ernten und teilweise essen. Außerdem ziehen sie wertvolle Nützlinge an und verbessern die Gesundheit von deinem Gemüse. Auch diese Blumenbeete kann man so anlegen, dass sie von Frühling bis Herbst durchblühen und du immer was zu ernten hast. Die Blütenfarben sind in diesen Beeten etwas gewagter, von kontrastreich bis bunt.

BEPFLANZUNG UND PFLEGE

Die erste Beetidee kannst du ganz klassisch umsetzen. Sprich, du kannst die Pflanzen und Zwiebeln einfach im Handel kaufen und, inspiriert vom Pflanzplan, setzen. Hier gilt die Regel, dass die ideale Pflanzzeit der Frühling oder Herbst ist, denn im Sommer ist es meist zu heiß und im Winter zu kalt. Somit kannst du Stauden von April bis Oktober pflanzen, im Hochsommer würde ich darauf verzichten. Bei Zwiebelpflanzen sind die Monate September und Oktober am besten geeignet. Mitte August oder bis Mitte November ist es auch noch in Ord-

2

1. Schnittblumen sehen nicht nur im Blumenstrauß fantastisch aus, sondern auch im Garten.

2. Sterndolden sind schnittverträglich und mehrjährig.

nung. Falls du aktuell irgendwo Zwiebelpflanzen rumliegen hast und es nicht der ideale Zeitpunkt ist, dann ab damit in den Boden und nicht bis zum Herbst warten. Du kannst die Stauden und Zwiebeln zusammen oder je nach Jahreszeit auch nacheinander pflanzen. Beim Pflanzmuster kannst du das in Gruppen oder vereinzelt gemischt machen. So, wie es dir am besten gefällt. Wenn du dabei noch mehr Unterstützung brauchst, dann kann ich dir von Herzen mein Blumenbeete-Buch empfehlen (mehr Infos dazu du am Ende dieses Buches). Das zweite Beet kannst du sehr kostengünstig mit Saatgut anlegen. Das ist eher experimentell, sieht aber auch sehr toll aus. Hier kannst du die Blumen in einer Aussaatkiste auf der Fensterbank vorziehen oder direkt ins Beet aussäen. Pro vorgeschlagene Sorte kannst du einfach eine Samenportion kaufen. Wichtig ist auch, dass du bei den Samenpäckchen die Anleitung auf der Rückseite beachtest. Da viele einjährige Pflanzen frostempfindlich sind, legt man einjährige Blumenbeete oft ab Mitte Mai an. Frostunempfindliche Sorten können bereits im Herbst oder Frühjahr ausgesät werden. Gerade bei Direktsaaten ist das Unkraut oft schneller als die Pflänzchen selbst, was den Pflegeaufwand erhöht.

DIE SCHÖNSTEN KURZLEBIGEN SCHNITTBLUMEN

Bartnelke *(Dianthus barbatus)*

Jungfer im Grünen *(Nigella damascena)*

Kornblume *(Centaurea cyanus)*

Löwenmäulchen *(Antirrhinum majus)*

Leberbalsam *(Ageratum houstonianum)*

Schmuckkörbchen *(Cosmos bipinnatus)*

Strohblume *(Xerochrysum bracteatum)*

EINKAUFSLISTE

❶ Blaue Wald-Aster (*Aster cordifolius* 'Little Carlow'), 1 Stk.

❷ Gelbe Akelei (*Aquilegia-Caerulea*-Hybride 'Maxi'), 3 Stk.

❸ Gelber Sonnenhut (*Echinacea paradoxa*), 2 Stk.

❹ Kugel-Primel (*Primula denticulata* 'Blaue Auslese'), 4 Stk.

❺ Rote Sterndolde (*Astrantia major* 'Moulin Rouge'), 2 Stk.

❻ Sommer-Phlox (*Phlox paniculata* 'Blue Paradise'), 2 Stk.

Zwiebelpflanzen

Ⓐ Blausternchen (*Scilla siberica*), 150 Stk.

Ⓑ Strauß-Narzisse (*Narcissus* 'Falconet'), 80 Stk.

MUSTERBEET: KONTRASTREICHES BLUMENBOUQUET

Dieses Blumenbeet, das von März bis Oktober durchblüht, besitzt eine kontrastreiche Farbgestaltung. Denn Gelb trifft auf Blau und Lila. Das führt zu einem faszinierenden Beet, das du dir auch als Strauß auf den Tisch stellen kannst. Die Pflanzen sind alle mehrjährig.

Der ideale Standort ist der Halbschatten, es kann aber auch sonnig stehen. In Sträußen sind die Blüten die Hauptdarsteller, und Blüten lieben hier die Sonne im Beet. Deshalb würde ich Schnittblumen-Beete nur sonnig bis halbschattig planen. In Schattenbeeten sind Texturen wichtig und da sind die Hauptdarsteller oft die Blätter. Der Beetboden sollte lehmig sein.

Alternativpflanzen

Gerade bei sonnigen Standorten sind Zwiebelpflanzen wie blaue Krokusse (*Crocus tommasinianus* 'Ruby Giant') und gelbe Tulpen (*Tulipa* 'Strong Gold') sehr schön. Folgende Stauden für den Halbschatten und lehmige Böden, die ins Konzept passen, sind: Der gelbe Fingerhut *(Digitalis lutea)* und das lila-rosa blühende Purpurglöckchen (*Heuchera*-Hybride 'Frosted Violet') mit spektakulär schönen Blättern.

MUSTERBEET: KUNTERBUNTER BLUMENSTRAUSS

Dieses Blumenbeet blüht kunterbunt von Juni bis Oktober durch. Wer die einjährigen Blumen mit Zwiebelpflanzen kombiniert, kann die Blütezeit bis in den Frühling hinein verlängern. Diese Art von Blumenbeet ist relativ kostengünstig, da du die Pflanzen aus Samen gewinnen kannst. Das heißt aber auch, dass das Beet alle Jahre wieder neu eingesät werden sollte. Bei einem Erntebeet solltest du darauf achten, dass es nicht breiter als 1,20 m und von allen Seiten zugänglich ist. Ab Juni wird das Blumenbeet explodieren. Somit sollten die Samen flächig ausgesät und nicht wie eine Blumenwiese gemischt werden, sonst wird das Ernten schwierig.

Alternativpflanzen

Das Beet kannst du auch mit Zweijährigen, Stauden und Gehölzen kombinieren. Im Garten darfst du dich gerne experimentell ausprobieren. Folgende kurzlebige Schnittblumen passen als Alternative auch ins Beet: Einjähriger Phlox *(Phlox drummondii)*, Dill *(Anethum graveolens)* und Bischofskraut (*Ammi visnaga* 'Green Mist').

EINKAUFSLISTE

❶ Witwenblume
(Scabiosa atropurpurea), Saatgut

❷ Ringelblume
(Calendula officinalis), Saatgut

❸ Schleierkraut
(Gypsophila paniculata), Saatgut

❹ Schopfsalbei
(Salvia viridis), Saatgut

❺ Sonnenblume
(Helianthus annuus), Saatgut

❻ Zinnie
(Zinnia elegans), Saatgut

Zwiebelpflanzen

Ⓐ Tulpe
(*Tulipa* 'Negrita'), 20 Stk.

Ⓑ Zwiebel-Iris
(*Iris reticulata* 'Harmony'), 150 Stk.

Mehrjährige Naschbeete

Den Garten mit mehrjährigen Nutzpflanzen zu gestalten hat Vorteile in der Pflege und im Budget. Deshalb widmen wir die nachfolgenden Musterbeete Pflanzen wie Erdbeeren, Obstgehölzen und mehrjährigem Gemüse. Die Beete sind geeignet für Naschkatzen, Hobbyköche und Leute, die sich gerne gesund und regional ernähren möchten.

TIPP

Mehrjähriges Gemüse ist günstig in der Anschaffung und bietet über Jahre hinweg eine zuverlässige Ernte.

Der Garten kann mit Lecker-Effekt aufgepeppt werden, was in diesen Beetbeispielen den Geldbeutel schont. Wenn du gerne strukturschenkende Gehölze im Garten haben möchtest, dann setze auf Heckenelemente mit essbaren Früchten. Diese sind z. B. Kornelkirsche *(Cornus mas)*, Gewöhnlicher Sanddorn *(Hippophae rhamnoides)*, Schwarzdorn *(Prunus spinosa)*, Schwarzer Holunder *(Sambucus nigra)* und Hasel *(Corylus avellana)*. Sehr beliebt ist auch Säulenobst, es bildet in der Regel nur kurze Seitentriebe. Besonders attraktiv sind die weiß- bis rosafarbenen Blüten, die sich im Frühling zeigen. Das peppt jeden Garten auf und im Herbst können die Früchte geerntet werden.

GARTEN ESSBAR PLANEN

Bei Gärten mit Doppelnutzung hast du sozusagen zwei in einem. Neben einem ästhetisch ansprechenden Garten, den du zum Wohnen und Wohlfühlen nutzen kannst, hast du nebenbei eine ertragreiche Ernte. Auch der essbare Garten benötigt Planung und einen guten Entwurf. Denn pflanzt du das Gemüse an falscher Stelle, dann gedeiht es nicht richtig und das Erntekörbchen bleibt meist leer. Der Geldbeutel wurde nicht verschont und die Experimentierfreude nicht gestillt. Ein Kirschbaum an falscher Stelle wirft den Schatten nicht auf den Sitzplatz, sondern auf das Gemüsebeet. Sowas kann ärgerlich sein, doch dank Planung vermieden werden. Deshalb ist der richtige Platz und die richtige Gesellschaft für die Pflanze elementar wichtig. Achte darauf, ob die Pflanze sonnig oder schattig stehen kann. Mach dir auch Gedanken um die Bodenansprüche der Pflanze. Mag sie es feucht oder doch lieber trocken?

Baumobst

Ein idealer essbarer Garten ist schön anzusehen, steht in Einklang mit der

1

2

1. Gemüse wie Meerkohl und Artischocke sind mehrjährig und winterhart.
2. Gemüsebeete können mit essbaren Zwiebelpflanzen wie dem Zierlauch ergänzt werden.

Natur und schmeckt lecker. Neben einem Gemüsegarten können üppige Blumen stehen, die du mit Beerensträuchern und schattenspendenden Gartenbäumen mit essbaren Früchten ergänzen kannst. Solche Bäume mit genießbaren Früchten sind u. a. Blutpflaume (*Prunus cerasifera* 'Nigra'), Nussbaum *(Juglans regia)*, Weiße Maulbeere *(Morus alba)*, Kirschbaum *(Prunus avium)*, Apfel *(Malus domestica)* und Birne *(Pyrus communis)*.

Staudenblüten

Neben typischen Küchen- und Kräuterbeeten kannst du deinen Garten auch mit essbaren Stauden verschönern. Nicht zuletzt profitieren Bienen, Schmetterlinge und andere Insekten von den Staudenblüten. Von den meisten Stauden können wir essbare Blüten und Triebspitzen im Frühjahr essen, sie schmecken in Salaten und sehen hübsch als Dekoration von Gerichten aus. Sehr beliebt sind Taglilien, Pfirsichblättrige Glockenblume und Geflecktes Lungenkraut.

Beerenobst

Nicht zu unterschätzen sind Beerenpflanzen. Kinder lieben Beeren und naschen sie gleich von der Hecke. Beeren sind super geeignet für Desserts und unglaublich gesund. Deshalb ist das erste Musterbeet ein von Beeren dominiertes Beet.

EINKAUFSLISTE

❶ Duftveilchen *(Viola odorata)*, 3 Stk.

❷ Erdbeerwiese/Garten-Erdbeere (*Fragaria* x *vescana* 'Florika'), 4 Stk.

❸ Garten-Erdbeere (*Fragaria* 'Mara de Bois'), 3 Stk.

❹ Himbeere *(Rubus idaeus)*, 1 Stk.

❺ Rote Johannisbeere *(Ribes rubrum)*, 1 Stk.

❻ Zitronen-Thymian (*Thymus* x *citriodorus* 'Lemon'), 3 Stk.

Zwiebelpflanzen

Ⓐ Schnittlauch *(Allium schoenoprasum)*, 11 Stk.

Ⓑ Purpur-Kugellauch (*Allium*-Hybride 'Purple Rain'), 4 Stk.

MUSTERBEET: DREAM BERRY

Dieses Lecker-Schmecker-Beet wird dominiert von Beerenpflanzen wie Erd-, Him- und Johannisbeeren. Vom Mischkulturgärtnern ist bekannt, dass Erdbeeren und Zwiebelpflanzen sich gut vertragen, denn Zwiebelgewächse halten mit ihrem ausgeprägten Geruch Schnecken und Pilzsporen fern. Dazu kombinieren wir das Veilchen, dessen Blüten zur Verfeinerung von Süßspeisen verwendet werden kann. Des Weiteren gesellt sich der Zitronen-Thymian dazu, dessen Blätter fruchtig schmecken. Die Pflanzen im Beet können alle möglichen Nachspeisen verfeinern.
Das Beet braucht einen sonnigen Standort mit normalem Gartenboden. Es blüht vor allem im Frühling und im Sommer, da die Pflanzen im Herbst dekorative und leckere Früchte tragen.

Alternativpflanzen

Wer ein größeres Beet zur Verfügung hat, könnte es mit einer Kupfer-Felsenbirne *(Amelanchier lamarckii)* aufpeppen.
Die Wald-Erdbeere ist ein gut geeigneter Bodendecker, auch für halbschattige Standorte. Zwischen die Erdbeeren können Speisezwiebeln und Knoblauch gesetzt werden.

MUSTERBEET: ERNTEWUNDER

Das Erntewunder ist ein Beet aus mehrjährigem Gemüse. Da Rhabarber und Artischocke viel Platz im Beet benötigen, habe ich das Musterbeet auf 4 qm vergrößert. Ich habe es quadratisch gestaltet, wie du es von Bauerngärten kennst. Zum Ernten wäre ein längliches Beet idealer. Du kannst es so anlegen, wie es für dich passt. Statt Blumenzwiebeln verwenden wir mehrjährige Zwiebeln und Knoblauch. Hinweis: Kartoffeln sind zwar mehrjährige Pflanzen, aber wenn du alle Knollen im Herbst erntest, natürlich weg. Belasse daher einfach welche im Beet, sie keimen dann an geschützten Standorten wieder durch. Das Beet blüht von April bis Oktober in den Farben Weiß, Creme, Blau und Gelb. Neben der Blüte sind vor allem die Blattstrukturen sehr attraktiv. Der große Vorteil von mehrjährigen Gemüsebeeten ist, dass du sie nur einmal anlegen musst und jahrelang davon ernten kannst. Das Beet benötigt einen sonnigen Standort mit einem frischen Beetboden. Artischocken brauchen Winterschutz!

Alternativpflanzen

Gerade bei Gemüsebeeten gilt die Regel, je sonniger desto besser. Weitere Mehrjährige, die gut in das Beet passen, sind: Bärlauch *(Allium ursinum)*, Meerrettich *(Armoracia rusticana)* und Knollen-Ziest *(Stachys affinis)*.

EINKAUFSLISTE

❶ Artischocke
(Cynara scolymus), 1 Stk.

❷ Gewürz-Fenchel *(Foeniculum vulgare)*, 2 Stk. oder Saatgut

❸ Kartoffel
(Solanum tuberosum), 2 Stk.

❹ Meerkohl
(Crambe maritima), 1 Stk.

❺ Rhabarber
(Rheum rhabarbarum), 1 Stk.

❻ Stauden-Rucola
(Diplotaxis tenuifolia), 6 Stk.

Zwiebelpflanzen

Ⓐ Winterheckenzwiebel
(Allium fistulosum), 16 Stk.

Ⓑ Schnitt-Knoblauch
(Allium tuberosum), 150 Stk.

Mischkultur-Beet

Wer gerne das Mischkulturgärtnern ausprobieren möchte, kann mit diesem Musterbeet starten. Da Gemüse Sonne und frischen Boden liebt, sollte dies auch der ideale Standort sein. Das Beispielbeet ist erntefreundliche 1,20 m breit und machbare 3 m lang. Im Beet setzen wir auf Artenvielfalt.

Damit die Pflanzen stark und gesund bleiben, lassen wir den Boden nicht ermüden. Dies schaffen wir mit Ernte- und Düngerreihen. Die Reihen im Beispiel sind 25 cm breit. Die Reihen bleiben ein Jahr lang Ernte- bzw. Düngerreihen und wechseln dann im neuen Jahr, beim Anbau im Frühjahr. So bleibt der Boden fit und gesund. Die Düngerreihen haben aber auch noch andere Vorteile. Der erste ist, dass du keinen Extradünger benötigst, zudem musst du die Erde vor dem Bepflanzen nur lockern und nicht tiefgründig umgraben. Dank Dauerbegrünung hat Unkraut keine Chance! Du kannst beim Ernten auch mal auf einer Spinatreihe draufstehen, die verträgt das. Außerdem können üppig wachsende Pflanzen temporär mal den Platz von der Gründungerreihe einnehmen, für das ist sie ja da. Geeignete Gründungung im Frühjahr (März bis April) und Sommer (Mai bis August) sind Phacelia, Ringelblumen und Borretsch. Im Winter (September bis Februar) kommt noch Senf dazu. Spinat ist in jeder Jahreszeit beliebt. Die Düngerreihe wird per Direktaussaat ins Beet gebracht.

DIE SECHS BEETREIHEN

Im Beispielbeet haben wir sechs Erntereihen, diese werden dreimal im Jahr bepflanzt. Im Frühling (Vorfrucht), im Sommer (nach den Eisheiligen) und im Herbst (Nachfrucht). Die erste Erntereihe besteht aus Roter Bete und Salat. Als Vorfrucht dienen Zwiebeln und Knoblauch, als Nachfrucht Kohlrabi. Die zweite Erntereihe besteht aus Tomaten und Karotten. Als Vor- und Nachfrucht dienen Radieschen. Buschbohnen und Dill bilden die dritte Erntereihe. Schnittsalat ist die Vorfrucht und Wintersalat die Nachfrucht. Die vierte Erntereihe besteht aus Gurke und Salat. Als Vorfrucht dient Kohlrabi und als Nachfrucht Erdbeersenf. Lauch, Rettich und Feldsalat bilden die fünfte Reihe.
Die sechste Reihe besteht aus Sellerie, gepaart mit Palmkohl. Ab April kann Rotkohl als Vorkultur ins Beet gesetzt werden und als Nachkultur eignet sich Schnittkohl. Die Kohlarten sollten untereinander im Beet nicht gemischt werden.

TIPP

Geeignete Pflanzzeiten sind Frühjahr (März/April), Sommer (ab Mitte Mai) und Herbst (September).

Frühjahr
1
2
3
4
5
6

Sommer
1
2
3
4
5
6

Winter
1
2
3
4
5
6

Küchengarten

Aus dem Garten in die Küche – wer seine Speisen gerne mit Kräutern verfeinert, ist hier genau richtig. Die beiden Musterbeete sind mit pflegeleichten Küchenkräutern gestaltet. Sie mögen einen sonnigen Standort und einen trockenen bis lehmigen Boden.

Der Küchengarten-Stil ist schon aus dem Mittelalter bekannt, die Anlagen in den Klostergärten waren durch symmetrisch angeordnete Kräuter- und Gemüsebeete gegliedert. Auch in den französischen Renaissance-Gärten wurden Gemüseparterres integriert. Doch mit wachsendem Wohlstand verschwand das Interesse an solchen Gärten. Ab Mitte des 19. Jahrhunderts kamen Nutzgärten in England wieder auf und galten von daher als hohe Kunst.
Ein Beispiel ist der West Dean Garten in England. Es ist ein rund 1 Hektar großer viktorianischer Küchengarten mit rund 100 verschiedenen Apfelsorten. Dieser Garten ist ummauert. An den warmen Süd- und Westwänden reifen Pfirsiche, Aprikosen, Pflaumen und Birnen. Der Garten besitzt 13 intensiv bewirtschaftete Gewächshäuser mit Gemüsen wie Aubergine und Chili. Im Gemüsegarten wird verschiedenes einjähriges Gemüse gezogen. In den Rabatten entlang der Mauern wächst mehrjähriges Gemüse wie Meerkohl und Artischocken. Entlang der Mauern gedeihen Johannis- und Stachelbeeren. Mitten durch den Gemüsegarten verläuft eine typisch englische und doppelt angelegte Staudenrabatte in Gelb- und Orangetönen.
Auch findet man Küchengartenelemente im bekanntesten englischen Landhausgarten des 20. Jahrhunderts. Der Garten von Sissinghurst Castle wurde zwischen 1930 und 1937 erschaffen. Darin findet man neben prachtvollen Staudenbepflanzungen einen Obst-, Bauern- und Kräutergarten sowie Thymianbeete.

DAS COMEBACK DER KÜCHEN- UND NUTZGÄRTEN

Heutzutage erleben Küchengärten eine Wiedergeburt, denn gegenwärtig sind Themen wie Regionalität, Nachhaltigkeit und gesunde Ernährung im Trend.

Gärtnern im Quadrat – Hochbeete

Gerade das Thema Hochbeet, was ein typisches Stilelement des Küchengartens ist, ziert unsere Hausgärten. Meist sind sie selbstgemacht aus Paletten oder günstig erworben im Baumarkt.

Kräuter können auch praktisch in einem Hochbeet angebaut werden.

Dabei sollte auf eine gute Drainage und eine bestmögliche Nährstoffversorgung geachtet werden. Hochbeete sind so beliebt, weil sie die Pflegearbeit erleichtern und sich die Leute beim Ernten und Pflegen nicht bücken müssen. Beim Anlegen eines Hochbeetes bedenke bitte, dass es die Anlage gliedert und es gestalterisch den Raum unterteilt. Wie erwähnt wurde der geometrische Grundriss schon früher im Küchen- und Heilpflanzenanbau bevorzugt. So werden Beete gerne quadratisch oder rechteckig angelegt. Gerade auch die Reihenpflanzung ist typisch für einen Gemüsegarten, denn Obst und Gemüse können so leichter kontrolliert, gepflegt und geerntet werden. Ebenso im Küchengarten ist die Planung das A und O, denn mit der Planung kannst du gestalten, deine Ernte maximieren und deinen Pflegeaufwand auf das Minimum herunterschrauben.

Kräuterbeete

Ein weiteres Stilelement sind Kräuterbeete im Nutzgarten. Sie können in Töpfen gepflanzt, ins Blumenbeet integriert oder als Kräuterbeet angelegt werden. Solche Beete werden nicht nur quadratisch oder rechteckig angeordnet, sondern können in Form und Gestaltung beliebig sein. Beete in Radform schaffen Ordnung im Garten. Beliebt sind zudem mit Feldsteinen eingeräumte Kräuterbeete oder Kräuterspiralen.
Kräuter werten jedes Gericht auf, riechen und schmecken köstlich. Auch sind viele mehrjährig und sehen meist noch gut aus. Folgende Kräuter sind besonders geeignet: Lavendel, Minze, Rosmarin, Salbei und Thymian; siehe auch ab Seite 74.

TIPP

Mische mehrjährige und einjährige Pflanzen nicht im Beet. Die beiden Musterbeete sind separat mit mehrjährigen oder einjährigen Pflanzen gestaltet.

EINKAUFSLISTE

❶ Ysop *(Hyssopus officinalis)*, 2 Stk. oder Saatgut

❷ Lavendel *(Lavandula angustifolia)*, 2 Stk.

❸ Küchensalbei *(Salvia officinalis)*, 2 Stk. oder Saatgut

❹ Thymian *(Thymus vulgaris)*, 3 Stk. oder Saatgut

❺ Rosmarin (*Rosmarinus officinalis* 'Blaulippe'), 2 Stk.

❻ Wilde Malve *(Malva sylvestris)*, 1 Stk. oder Saatgut

Zwiebelpflanzen

Ⓐ Schnittlauch *(Allium schoenoprasum)*, 50 Stk. oder Saatgut

Ⓑ Weinbergs-Lauch (*Allium vineale* 'Hair'), 15 Stk. oder Saatgut

MUSTERBEET: LANG LEBE DAS KRÄUTERBEET

Dieses Musterbeet ist eine Freude für jeden Hobbykoch und Duftliebhaber. Denn die ausgewählten Pflanzen duften aromatisch und sind essbar. Sie verfeinern deine Gerichte von Frühjahr bis Herbst. Einige Pflanzen wie Rosmarin und Lavendel sind immergrün und können auch noch im Winter zum Würzen genutzt werden. Das Beet blüht harmonisch in den Farben Blau bis Lila. Die Blütezeit erstreckt sich von April bis September. Das Musterbeet bevorzugt die volle Sonne und mag einen trockenen Boden.

Alternativpflanzen

Weitere Zwiebelpflanzen, die sonnige und trockene Orte bevorzugen sind: Sternblume (*Ipheion uniflorum* 'Tessa'), Purpur-Kugellauch (*Allium*-Hybride 'Purple Rain') und Schlangen-Knoblauch (*Allium sativum* var. *ophioscorodon*). Wilder Majoran *(Origanum vulgare)*, Echtes Eisenkraut *(Verbena officinalis)*, Katzenminze *(Nepeta cataria)* und Wiesen-Schafgarbe *(Achillea millefolium)* sind andere mehrjährige Pflanzen fürs Kräuterbeet mit diesem Standort.

MUSTERBEET: EINJÄHRIGER KRÄUTERSPASS

Einjährige Kräuterbeete sind in der Erstellung relativ kostengünstig, denn die Pflanzen können aus Samen gewonnen werden (siehe Pflanzenporträts ab Seite 74). Sie können alle auch im Töpfchen erworben werden, bei manchen wie der Petersilie ist das manchmal sinnvoll, weil sie etwas schwierig im Keimen ist.
Dieses schmackhafte Beet blüht in den Farben Weiß, Gelb und Orange von Juni bis Oktober. Die Pflanzen lieben, wie fast alle Kräuter, die Sonne. Der Boden sollte frisch und nährstoffreich sein.

Alternativpflanzen

Bärlauch *(Allium ursinum)*, Kugel-Lauch *(Allium sphaerocephalon)* und Winterheckenzwiebel *(Allium fistulosum)* sind andere Zwiebelpflanzen, die sonnige Orte und lehmige Böden begünstigen. Weitere einjährige Pflanzen fürs Kräuterbeet mit diesem Standort sind: Borretsch *(Borago officinalis)*, Echte Kamille *(Matricaria recutita)*, Honigmelonen-Salbei *(Salvia elegans)* und Schnitt-Sellerie (*Apium graveolens* var. *secalinum*).

EINKAUFSLISTE

❶ Dill
(Anethum graveolens), Saatgut

❷ Französischer Majoran
(*Origanum onites* 'French'), 4 Stk.

❸ Glatte Petersilie *(Petroselinum crispum)*, 5 Stk. oder Saatgut

❹ Kapuzinerkresse
(Tropaeolum majus), Saatgut

❺ Koriander
(Coriandrum sativum), Saatgut

❻ Strauch-Basilikum (*Ocimum x basilicum* 'Pesto Perpetuo'), 3 Stk. oder Saatgut

Zwiebelpflanzen

Ⓐ Bulgarischer Lauch
(Allium bulgaricum), 10 Stk.

Ⓑ Sternblume
(*Ipheion uniflorum* 'Jessie'), 50 Stk.

Stauden-Beete

Die nächsten vier Blumenbeete sind mit Stauden geplant. Die Vorteile liegen auf der Hand: Stauden sind langlebig, pflegeleicht und müssen normalerweise nicht gedüngt und gegossen werden. Hier gibt es nun Musterbeet-Vorschläge für sonnige bis schattige Standorte. Ein Beet verträgt sogar Hitze und Trockenheit.

1

Das Immergrün ist einheimisch und deckt den Boden ab.

Da ich Pflanzplanerin bin, gehört es zu meiner Hauptaufgabe, Staudenbeete professionell zu planen. Ein Blumenbeet kannst du ähnlich wie einen Garten planen. Zuerst wählst du deinen bevorzugten Stil: romantisch, naturalistisch, exotisch, modern oder naturnah (siehe Seite 8–10). Achte darauf, dass der Stil zum Gartenthema passt. Ein weiteres Thema ist die Blütenfarbe und deren Kombination. Ich arbeite gerne mit harmonischen Farben. Das heißt, die Farben liegen nebeneinander im Farbkreis. Als Beispiel sind Rosa, Violett und Blau zu nennen. Um mehr Spannung ins Beet zu kriegen, kannst du eine Farbkombination aus Gegenfarben zusammenstellen. Ich bevorzuge gerne Blau und Gelb. Das Auswählen von Blütenfarben und -formen ist vor allem in sonnigen Beeten ein gestalterisches Thema.
In schattigen Bereichen gestalte ich gerne mit Texturen. Textur kann als Synonym für Blätter ver-

1. Ich verwende den Storchschnabel sehr gerne, denn er ist robust und ein wahrer Dauerblüher.

2. Der Krokus blüht schon ab Februar im Beet.

wendet werden, denn Schattenpflanzen besitzen normalerweise große Blätter, damit die Lichtausbeute maximiert wird. Nachdem du die Pflanzen ausgewählt hast, kannst du dir überlegen, wie du sie ins Beet bringen möchtest. Die vier bekanntesten Aussageformen sind: Gruppen-, Block-, Drifts- und Mischpflanzung.

WEITERE WICHTIGE ASPEKTE BEI DER BLUMENBEETPLANUNG

Der wichtigste Punkt in der Beetplanung ist der Standort. Analysiere den zu bepflanzenden Ort und finde heraus, ob er sonnig oder schattig ist. Neben den Lichtverhältnissen spielt auch der Boden eine bedeutende Rolle. Dieser besteht aus Sand, Schluff und Ton in unterschiedlicher Zusammensetzung. Als Faustregel gilt: Je sandiger ein Boden, desto trockener ist er. Schluff ist ein wichtiger Bestandteil von Lehm. Lehmböden sind frisch und ideale Gartenböden. Die vier Musterbeete sind für frische Böden gestaltet, eines davon auch für trockene. Zwei der Beete sind für sonnige, eines für halbschattige und eines für schattige Bereiche. Bei der Missachtung der örtlichen Begebenheiten kann es passieren, dass die Beetidee nicht funktioniert. Der Pflegeaufwand minimiert sich beispielsweise auf ein Minimum, wenn der Standort stimmt.

Du kannst die Beetideen 1:1 umsetzen und in deinen Garten pflanzen. Was auf jeden Fall stimmen sollte, ist der Standort. Falls du eine Pflanze in deiner Gärtnerei nicht findest, dann kannst du auf eine Alternativpflanze ausweichen. Die Anzahl ist auf 2 qm ausgerechnet. Du kannst also auch eine andere Beetgröße wählen und die Pflanzenanzahl einfach hochrechnen. Kaufe die Pflanzen ruhig in kleinen Töpfen, wachsen tun sie von allein!

EINKAUFSLISTE

❶ Christrose
(Helleborus niger), 2 Stk.

❷ Japanischer Regenbogenfarn
(*Athyrium niponicum*
'Metallicum'), 3 Stk.

❸ Weißbunte Zwerg-Segge
(*Carex conica* 'Snowline'), 4 Stk.

❹ Weiße Sommer-Wald-Aster
(Aster divaricatus), 1 Stk.

❺ Weißes Immergrün
(*Vinca minor* 'Alba'), 3 Stk.

❻ Weißrand-Funkie
(*Hosta*-Hybride 'El Nino'), 3 Stk.

Zwiebelpflanzen

Ⓐ Engelstränen-Narzisse
(*Narcissus* 'Thalia'), 20 Stk.

Ⓑ Weißer Riesen-Lauch
(*Allium*-Hybride 'Mount Everest'),
4 Stk.

MUSTERBEET: SILBRIGER HALBSCHATTEN

Das Beet ist eine silbrig-weiße Halbschattenbepflanzung. Der ideale Standort für diese Pflanzung sind Flächen, die im Osten oder teilweise im Norden eines Gebäudes stehen oder, wenn sich Bäume in der Nähe befinden. Bei der Pflanzenauswahl habe ich darauf geachtet, dass die Pflanzen weiß blühen oder die Blätter eine silbrig-weiße Bemusterung haben. Gerade in dunkleren Bereichen des Gartens ist es wichtig, diese mit weißen Blüten und Blättern aufzuhellen.

Alternativpflanzen

Weitere weiß blühende Zwiebelpflanzen, die halbschattige Orte und lehmige Böden bevorzugen, sind: Märzenbecher *(Leucojum vernum)*, Traubenhyazinthe (*Muscari botryoides* 'Album') und Schneeglöckchen *(Galanthus nivalis)*. Silbriges Kaukasus-Vergissmeinnicht (*Brunnera macrophylla* 'Jack Frost'), Silberblatt-Purpurglöckchen (*Heuchera americana* 'Cassian'), Weiße Taubnessel (*Lamium maculatum* 'White Nancy'), Moor-Kopfgras *(Sesleria caerulea)* sind andere mehrjährige Pflanzen mit silbrig-schimmernden Blättern für diesen Standort.

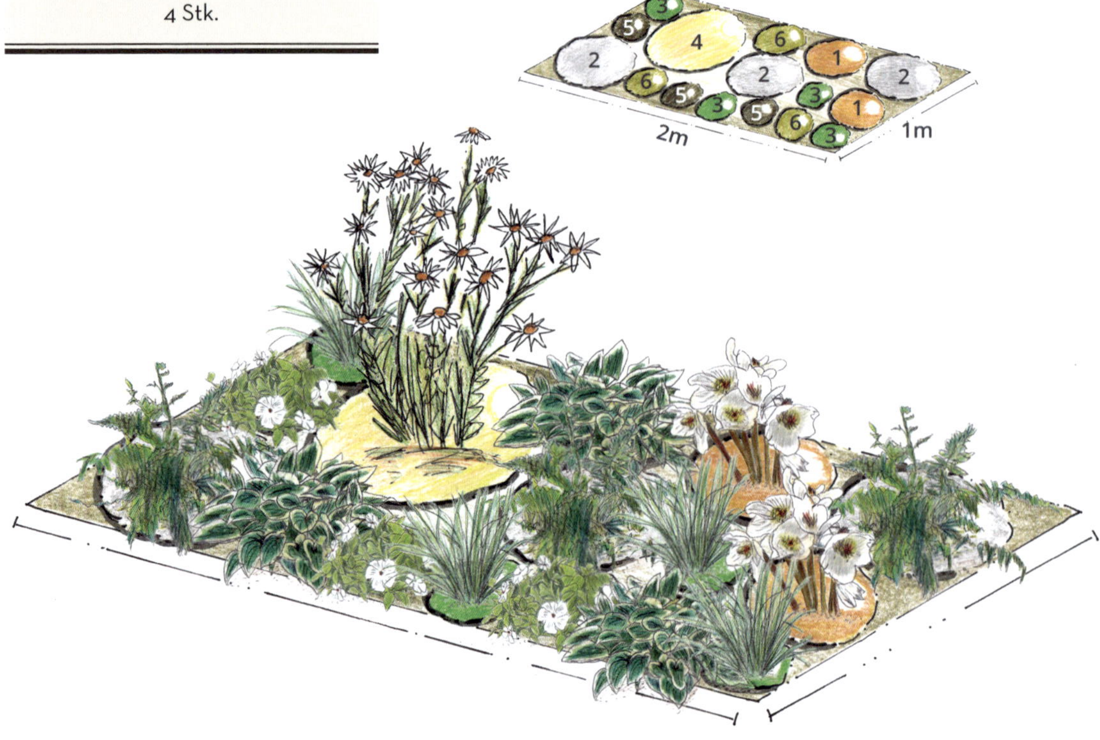

MUSTERBEET: GOLDENER SCHATTEN

Dieses Beet schenkt schattigen Plätzen ein sonniges Gold. Das Augenmerk wurde bei der Pflanzenauswahl auf gelbgoldene Blätter und Blüten gelegt. Da die gelb gefärbten Blätter die Hauptrolle im Beet spielen, erstreckt sich die Blütezeit nur bis in den August. Dank den Zwiebelpflanzen beginnt die Blütezeit bereits aber im Februar. Der Boden sollte nicht zu trocken und nicht zu feucht sein, halt ein normaler Gartenboden.

Alternativpflanzen

Gelbes Windröschen *(Anemone ranunculoides)* und Zwerg-Tulpe (*Tulipa batalinii* 'Bright Gem') sind andere gelb blühende Zwiebelpflanzen, die schattige Orte und lehmige Böden begünstigen. Weitere mehrjährige Goldstücke mit diesem Standort sind: Japan-Gold-Segge (*Carex oshimensis* 'Evergold'), Schwarzmeer-Elfenblume (*Epimedium pinnatum* ssp. *colchicum*), Silberblättrige Goldnessel (*Lamiastrum galeobdolon* 'Florentinum'), Teppich-Johanniskraut *(Hypericum calycinum)* und Wald-Hainsimse (*Luzula sylvatica* 'Solar Flair').

EINKAUFSLISTE

❶ Farn-Lerchensporn *(Corydalis cheilanthifolia)*, 2 Stk.

❷ Goldrand-Funkie (*Hosta*-Hybride 'Abby'), 2 Stk.

❸ Goldrand-Japan-Segge (*Carex morrowii* 'Aureovariegata'), 3 Stk.

❹ Grünrand-Funkie (*Hosta*-Hybride 'Lakeside Paisley Print'), 4 Stk.

❺ Teppich-Ungarwurz *(Waldsteinia ternata)*, 4 Stk. oder Saatgut

❻ Wolfs-Eisenhut *(Aconitum vulparia)*, 3 Stk. oder Saatgut

Zwiebelpflanzen

Ⓐ Winterling *(Eranthis hyemalis)*, 200 Stk.

Ⓑ Cyclamineus-Narzisse (*Narcissus* 'February Gold'), 50 Stk.

EINKAUFSLISTE

❶ Bartblume (*Caryopteris* x *clandonensis* 'Blauer Spatz'), 1 Stk.

❷ Akelei *(Aquilegia vulgaris)*, 3 Stk. oder Saatgut

❸ Heller Sonnenhut (*Echinacea*-Hybride 'Sunrise'), 2 Stk. oder Saatgut

❹ Hellgelbe Schafgarbe (*Achillea-Clypeolata*-Hybride 'Moonshine'), 3 Stk. oder Saatgut

❺ Sommer-Aster (*Aster* x *frikartii* 'Mönch'), 2 Stk. oder Saatgut

❻ Storchschnabel (*Geranium*-Hybride 'Rozanne'), 2 Stk. oder Saatgut

Zwiebelpflanzen

Ⓐ Engelstränen-Narzisse (*Narcissus* 'Hawera'), 100 Stk.

Ⓑ Taschkent-Krokus *(Crocus korolkowii)*, 150 Stk.

MUSTERBEET: TROCKENRESISTENT

Wegen der Verstädterung versiegeln immer mehr Flächen und gerade in bebauten Gebieten steigen die Temperaturen im Sommer stark an. 2022 war weltweit das fünfwärmste Jahr seit Beginn der Aufzeichnung im Jahr 1880. Die Temperaturen steigen und die Sommer werden immer heißer und trockener. Insbesondere Beetflächen, die sich im Süden oder Westen eines Gebäudes befinden, trocknen aus. Eine Lösung für solche Flächen sind trockenresistente Pflanzen. Aus solchen Pflanzen besteht dieses kontrastreiche Musterbeet. Die Pflanzen mögen die volle Sonne und trockene Böden.

Alternativpflanzen

Weitere gelb oder blau blühende Zwiebelpflanzen, die sonnige und trockene Standorte begünstigen, sind: Blaue Balkan-Anemone (*Anemone blanda* 'Blue Shades'), Steppenkerze (*Eremurus-Ruiter*-Hybride 'Moneymaker'), Winterling *(Eranthis cilicica)* und Zwiebel-Iris (*Iris reticulata* 'Harmony'). Andere mehrjährige Pflanzen mit gelber oder blauer Blüte, die passen, sind: Ausdauernde Stockrose *(Alcea rugosa)*, Blaunessel (*Agastache-Rugosa*-Hybride 'Blue Fortune'), Glockenblume (*Campanula persicifolia* 'Blue Bloomers'), Kugeldistel *(Echinops ritro)* und Rostfarbiger Fingerhut *(Digitalis ferruginea)*.

MUSTERBEET: BIENENLIEBE

Dieser Beetentwurf ist inspiriert vom Coverbild. Da Bienen einfache Blüten mit nur einem Kranz und zugänglicher Blütenmitte bevorzugen, habe ich keine gefüllte Rose ausgewählt, sondern eine pflegeleichte Bodendeckerrose. Das Farbkonzept ist harmonisch mit rosa und lila Farbtönen gestaltet. Die Pflanzen mögen es sonnig und frischen Boden.

Alternativpflanzen

Blaue Prärielilie (*Camassia leichtlinii* ssp. *suksdorfii* 'Caerulea'), Kugel-Lauch *(Allium sphaerocephalon)*, Rosa Balkan-Anemone (*Anemone blanda* 'Charmer'), Steppenkerze (*Eremurus-Ruiter*-Hybride 'Romance') sind weitere rosa bis lila blühende Zwiebelpflanzen, die sonnige Standorte bevorzugen. Hohe Fetthenne (*Sedum-Telephium*-Hybride 'Herbstfreude'), Rosa Sterndolde (*Astrantia major* 'Roma'), Storchschnabel (*Geranium-Sanguineum*-Hybride 'Tiny Monster') und Zottiger Ziest (*Stachys monieri* 'Hummelo') sind weitere mehrjährige Pflanzen mit rosa oder lila Blüten für diesen Standort.

EINKAUFSLISTE

1 Bodendeckerrose (*Rosa* 'Sommerwind'), 2 Stk.

2 Herbst-Anemone (*Anemone-Japonica*-Hybride 'Rosenschale'), 2 Stk. oder Saatgut

3 Lenzrose (*Helleborus-Orientalis*-Hybride 'Blue Metallic Lady'), 2 Stk.

4 Schafgarbe (*Achillea-Millefolium*-Hybride 'Lilac Beauty'), 2 Stk. oder Saatgut

5 Sonnenhut *(Echinacea pallida)*, 2 Stk. oder Saatgut

6 Steppen-Salbei (*Salvia nemorosa* 'Amethyst'), 2 Stk.

Zwiebelpflanzen

A Elfen-Krokus (*Crocus tommasinianus* 'Roseus'), 150 Stk.

B Purpur-Kugellauch (*Allium* x *hollandicum* 'Purple Sensation'), 8 Stk.

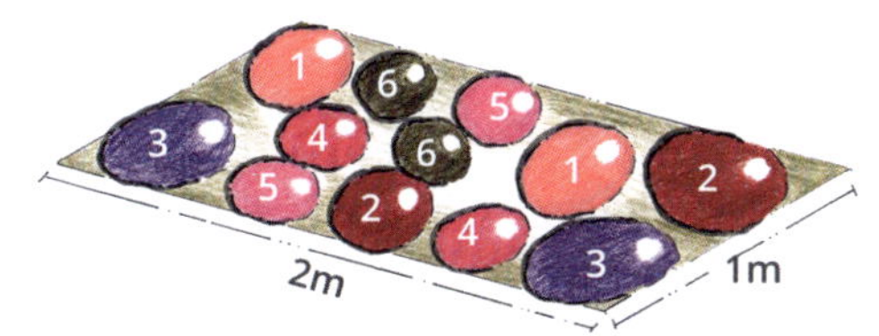

Lass Bienen & Schmetterlinge in den Garten

Ein Garten sollte auch Lebensraum für Insekten bieten. Gerade die Bienen sind für unser Ökosystem unersetzliche Helfer, da sie unsere Pflanzen bestäuben. Leider sind Bienen heutzutage vom Aussterben bedroht. Denn die Landwirtschaft wird industrieller, unsere naturnahen Flächen werden versiegelt und der Einsatz von schädlichen Chemikalien zerstört Lebensräume. Deshalb findest du hier fünf Ideen, wie du deinen Garten bienenfreundlich planst.

BIENENFREUNDLICH PLANEN

1. Verwende heimische Pflanzen im Naturgartenstil

In einem Naturgarten wachsen vorwiegend heimische Pflanzen, denn Biene Maja und ihre Schmetterlingsfreundin Beatrix lieben heimische Kräuter und Gräser. Der dicke Willi meidet Gärten mit kurz geschnittenem Rasen, Kirschlorbeer- und Thujahecke. Da vergeht ihm das Summen. Es gibt auch Stauden, die sind wahre Bienenmagnete. Mit solchen Stauden habe ich das letzte Musterbeet geplant.

2. Verzichte auf Pestizide

Biene Maja, ihr Freund Willi und Schmetterling Beatrix vertragen keine Pflanzenschutzmittel. Sie sind pures Gift für sie. Doch im Naturgarten sind Pestizide überflüssig. Wer gesunde Pflanzen haben will, muss diese folglich standortgerecht verwenden. Bei Kulturpflanzen sollten robuste Sorten gewählt werden und mit Pflanzenjauchen gestärkt werden. Mein Lieblingsspruch lautet: Nur die Harten kommen in den Garten!

3. Rückzugsgebiete für Biene Maja einplanen

Solche Gebiete für Wildtiere entstehen, indem du natürliche Dynamiken zulässt. Somit ist es vollkommen in Ordnung, wenn gewisse Bereiche im Garten leicht verwildert sind. Ab und zu Totholz liegen zu lassen, ist eine gute Sache.

4. Blumenbeet mit Zwiebelpflanzen aufpeppen

Ich liebe Zwiebelpflanzen, denn gerade sie blühen unglaublich früh im Jahr und verlängern die Blütezeit im Beet. Wenn Bienen aus ihrer Winterruhe erwachen, sollten sie Pollen und Nektar vorfinden, deshalb gibt es für jedes Musterbeet auch reichlich Zwiebelpflanzenvorschläge. Ich empfehle dir, deinen Naturgarten mit folgenden Blumenzwiebeln aufzupeppen: Krokusse, Milchstern, Schneeglöckchen, Traubenhyazinthe und Wildtulpen.

5. Biodiversität fördern und erhalten

Falls du dich für den Gartenstil „Naturgarten" entscheidest (Seite 9), dann leistest du einen wertvollen Beitrag zur Biodiversität. Wenn du es zulässt, wirst du staunen, wie sich nach kurzer Zeit ein Reichtum an Lebewesen einfinden wird. Dein Garten wird ein Zuhause für Biene Maja, ihren Freund Willi und Schmetterlingsfreundin Beatrix. Lebe deine Gartenträume!
Deine Iris Winkenbach

Register

Fette Seitenzahlen verweisen auf Abbildungen.

Danksagung

Gerne möchte ich mich bei meiner Familie und dem Rest des Winkenbach-Teams bedanken. Sie standen mir mit Geduld, Rat und Tat während des Buch-Projektes zur Seite.

Blumenbeete gestalten — leicht gemacht

128 Seiten, ca. € (D) 17,00

Blühende Beete sind der Hingucker im Garten – je üppiger und pflegeleichter, desto besser. Dieser moderne Ratgeber zeigt, wie man den Ziergarten mit wunderschönen Beeten in ein Blumenmeer verwandelt. Für Schnellstarter bietet die junge Landschaftsarchitektin Iris Winkenbach Musterbeete für unterschiedliche Standorte und Stile. Zusätzlich zeigt sie, wie man mit Farben, Formen und Pflanzmustern seinen eigenen Stil findet und in wenigen Schritten individuelle, ökologisch wertvolle Traumbeete gestalten kann.

kosmos.de

BILDNACHWEIS

Mit 191 Farbfotos.

120 Farbfotos wurden von Iris Winkenbach aufgenommen: S. 2 ore, 4, 7 li, 11 alle vier, 13, 14, 16/17, 19 li, 20, 21, 23 beide, 25, 26 alle vier, 27 alle vier, 29 li, 31 u, 33 re, 35 re, 36 beide, 37 o, 38 beide, 44/45, 46 beide, 48 alle drei, 49 alle drei, 50 alle drei, 51 alle drei, 52 alle drei, 53 alle drei, 54 Mi, 54 u, 55 alle vier, 58 o, 58 Mi, 59 alle drei, 60 alle drei, 62 alle drei, 63 o, 63 Mi, 64 beide, 66 beide, 67 Mi, 67 u, 68 Mi, 69 ure, 70 alle drei, 71 o, 71 Mi, 74 o, 74 Mi, 75 alle drei, 76 Mi, 77 Mi, 80 o, 82 o, 83 u, 93 o, 95 beide, 98, 99 beide, 112, 113 beide, 118, 119 alle drei, 120.
Weitere von Flora Press (21): Josefin Widell Hultg S. 3,/Sibylle Pietrek S. 7 re,/Karin Goldbach S. 10,/A. F. Endress S. 19 re,/ Martin Hughes-Jones S. 28,/Christine Ann Föll S. 39 uli,/Otmar Diez S. 39 ure,/Evi Pelzer S. 84/85,/Daniela Behr S. 87 o,/ gartenfoto.at S. 87 u,/Christine Ann Föll S. 88,/Sibylle Pietrek S. 89,/Josefin Widell Hultg S. 91 u,/gartenfoto.at S. 92 oli, 92 u,/ flora production S. 92 re,/BIOSPHOTO/Philippe Giraud S. 93 re,/Agnes Kantaruk S. 93 uli,/Sibylle Pietrek S. 103 re,/GWI-Trevor Sims S. 103 li,/Josefin Widell Hultg S. 109,/FLPA S. 128; **GAP Photos (1):** Robert Mabic S. 9; **Gartenbildagentur Friedrich Strauß (11):** Strauß, Friedrich S. 31 o, 31 re, 32 li, 33 li, 34, 35 li, 37 u, 39 o beide, 41 beide; **shutterstock (37):** diwali S. 2 oli,/JoannaTkaczuk S. 2 u,/bonchan S. 22,/ThamKC S. 24 li,/ Olya Maximenko S. 24 re,/KimKate 29 re,/Svetlana Zhukova S. 54 o,/CarlsPix S. 56 o,/janaph S. 56 u,/STARSsoft S. 58 u,/Nikolay Kurzenko S. 63 u,/Yarygin S. 67 o,/Darya Komarova S. 68 o,/ Peter Turner Photography S. 68 u,/avoferten S. 69 Mili,/Mila-VRNphotographer S. 69 o,/Sokor Space S. 71 u,/diwali S. 72 o,/ JoannaTkaczuk S. 72 u,/Sunny Forest S. 73,/Natallia Harahliad S. 74 u,/synchR S. 76 o,/Kaichankava Larysa S. 76 u,/Nadya So S. 77 o,/Acambium64 S. 77 u,/Hanna Taniukevich S. 78 o,/ Mirko Graul S. 78 u,/Doikanoy S. 80 Mi,/Tom Meaker S. 80 u,/ Katsiuba Volha S. 81 o,/Wut_Moppie S. 81 Mi,/Hans Verburg S. 81 u,/Stephanie Frey S. 82 Mi,/Sia Sia S. 82 u,/Tanya_Terekhina S. 83 o,/weha S. 83 Mi,/Volodymyr TVERDOKHLIB S. 91 o.

Mit 25 Illustrationen von Iris Winkenbach.

IMPRESSUM

Umschlaggestaltung von Claudia Eder – Konzept und Gestaltung – Pocking. Unter Verwendung von 9 Fotos von: GAP Photos: /Howard Rice (Coverbild), /Robert Mabic (Coverrückseite); Flora Press/Sibylle Pietrek (Innenklappe vorne, Innenklappe hinten Nr. 1), /A.F. Endress (Innenklappe hinten Nr. 2); shutterstock/KrimKate (Innenklappe hinten Nr. 3); Iris Winkenbach (Innenklappe hinten Nr. 4, 5). Sowie 2 Illustrationen von Iris Winkenbach (Innenklappe vorne).

Mit 200 Fotos und 27 Illustrationen.

Der Inhalt dieses Buches ist sorgfältig recherchiert und erarbeitet worden. Dennoch können weder Autor noch Verlag für alle Angaben im Buch eine Haftung übernehmen. Alle Angaben in diesem Buch erfolgen nach bestem Wissen und Gewissen. Sorgfalt bei der Umsetzung ist indes geboten. Verlag und Autor übernehmen keinerlei Haftung für Personen-, Sach- oder Vermögensschäden, die aus der Anwendung der vorgestellten Materialien und Methoden entstehen können. Dabei müssen rechtliche Bestimmungen und Vorschriften berücksichtigt und eingehalten werden. Die Blütenfarben sind sortenabhängig, daher können auch Farben auf dem Markt sein, die im Buch nicht genannt werden. Die Blütezeiten sind ebenfalls sortenabhängig, aber auch klima- und standortabhängig. Die angegebenen Wuchshöhen und -breiten der Pflanzen sind Mittelwerte. Sie können je nach Nährstoffgehalt des Bodens variieren. Verschiedene Sorten können deutlich größer oder auch kleiner wachsen als die Art.

Unser gesamtes Programm finden Sie unter **kosmos.de.** Über Neuigkeiten informieren Sie regelmäßig unsere Newsletter, einfach anmelden unter **kosmos.de/newsletter**

PurePrint®
innovated by gugler* DruckSinn
Gesund. Rückstandsfrei. Klimapositiv.
drucksinn.at

Gedruckt nach der Richtlinie „Druckerzeugnisse" des Österreichischen Umweltzeichens. gugler*print, Melk, UWZ-Nr. 609, www.gugler.at

Gedruckt auf umweltfreundlichem Papier, klimaneutral hergestellt.

ISBN 978-3-440-17837-9
Projektleitung: Birgit Grimm
Redaktion: Birgit Grimm
Gestaltungskonzept: GRAMISCI Editorialdesign/ Cornelia Sekulin
Gestaltung und Satz: Claudia Adam Graphik-Design, Bad Kreuznach
Produktion: Klaus Jost
Druck und Bindung: Gugler GmbH, A-Melk/Donau
Printed in Austria/Imprimé in Autriche